别让你的朋友成为负资产

黄志坚/编著

民主与建设出版社

图书在版编目（CIP）数据

别让你的朋友成为负资产 / 黄志坚著. — 北京：民主与建设出版社，2017.8

ISBN 978-7-5139-1605-9

Ⅰ.①别… Ⅱ.①黄… Ⅲ.①心理交往—通俗读物 Ⅳ.① C912.11-49

中国版本图书馆CIP数据核字（2017）第144301号

别让你的朋友成为负资产
BIERANG NIDE PENGYOU CHENGWEI FUZICHAN

出 版 人：李声笑
著　　者：黄志坚
责任编辑：王　颂
出版发行：民主与建设出版社有限责任公司
电　　话：（010）59419778　59417747
社　　址：北京市海淀区西三环中路10号望海楼E座7层
邮　　编：100142
印　　刷：三河市天润建兴印务有限公司
版　　次：2017年10月第1版
印　　次：2018年5月第2次印刷
开　　本：710mm×1000mm　1/16
印　　张：15.5
字　　数：203千字
书　　号：ISBN 978-7-5139-1605-9
定　　价：36.80元

注：如有印、装质量问题，请与出版社联系。

　　说到朋友，大家通常想到的是"贵人""良师"，肯定不敢苟同我的"凶猛"之说。那么，请多点耐心，让我先从最近出现的一个新词"人际泡沫"说起吧。

　　泡沫者，看似膨胀实则空虚的水泡，相信大家对此耳熟能详。生活中，最常见的莫过于洗衣服时的泡沫。泡沫本身倒不会让人有什么不好的联想，但如果把这个词与国计民生联系起来，就让人感到惶恐不安了，像金融泡沫、房产泡沫。

　　那么何谓人际泡沫呢？关于这一点，从事与人打交道比较多工作的人不妨回想一下，有时是不是觉得认识的朋友虽然多如牛毛，但真正可以交心和帮你的却寥寥无几？

　　这就是典型的人际泡沫现象。

　　"十一"国庆同学聚会时，在深圳一家房地产公司做推广经理的同学就有过同样的感慨。他接触的客户很多事业有成，甚至小有名气。几年下来，认识了成百上千的朋友，名片、手机、手提电脑、记事本中都是客户的名单。每天，他频频地与这些人热情而亲密地联络，在与他们商务交往时，也是应酬得八面玲珑。在大家的眼中，同学的生活可谓丰富多彩，结识的朋友也都是精英，但他自己却说："除了工作上的联系，在深圳，我真正的朋友并不多。心情不好的时候，想倾诉一下，都找不到一个合适的人。"

　　关于这种人前人后的心理落差，局中人大多只是无奈，并不会在意，也不会深究，但局外人往往能够一针见血地看出问题的本质。

　　记得有一次我在广州一家专业摄影棚看摄影师朋友拍片，闲暇时，一位巴西的平面模特用夹生的中文说起对中国人的印象：

"我到过很多的国家，发现你们中国人最有意思。你们说的'外国朋友'并不表示我们是真的朋友关系。我的理解是，你们可以把任何人都当做朋友：一本书有'读者朋友'，电台节目会有'听众朋友'，小孩子本身就是'小朋友'……"

这位"外国朋友"的话真是一语惊醒梦中人，在场的我们都震撼了。

如果不是她站在一个旁观者角度去审视我们，那么我们永远困在"不识庐山真面目，只缘身在此山中"这种思维里难以自知。

正如这位巴西模特所说，中国人总是会把人际交往中的任何人都当做朋友，初次见面就是"哥们""兄弟"，让人产生一见如故的错觉。还有的人甚至以此作为炫耀的资本。经常会听到有人唾沫飞扬地叙说——今天哪位朋友请他吃饭了，明天哪位朋友托他办事了，后天哪位朋友又有红白喜事，需要他捧场。说者喜不自禁，充满着自豪和欣慰；听者面露佩服之色，羡慕不已。

但有时静下心来，细细地思忖，并对所有的可称为朋友的人进行梳理，真的可以称为知心朋友的又有几人？平时呼朋唤友，交际频繁，只是数量上的体现，并不等于朋友的质量与交心程度。当遇到人生风浪，那些个所谓"朋友"可能就像人间蒸发了一样，了无踪迹，真正愿意生死与共的怕是寥若晨星吧？

对于人际泡沫，散文大师余秋雨也有过同感，他认为人间失败的友情，远远多于成功的友情；被最密集的"朋友"所簇拥的，总是友情的孤儿；最坚固的结盟，大多是由于利益。

人际泡沫导致的危害就是让你身边的"朋友"鱼龙混杂，真假难辨，甚至身边最亲密的人，可能都是潜伏已久的毒朋友。这话听起来够让人感到毛骨悚然，够凶猛了吧？

有位作家同行，跟我说过她的一段经历。上大学的时候，她和一位女同学很要好，但毕业后，大家各奔东西，加之她又在南京定居，渐渐与以前的同学失去了联系。直到有次她回了趟老家，才又见到了同学，同学已经是一个 7 岁男孩的母亲了。临分手时，她们互相留了联系方式。

回到南京没多久，女作家便开始经常接到同学的电话，有时一聊就是一两个小时，同学的热络是她始料未及的。

接到同学的电话次数多了，女作家发现她有两大问题最关心：

第一是，自己的收入问题，尤其当她知道女作家现在做着全职太太时，常会拐弯抹角地问一句："哎呀，你老公一定赚不少钱吧？要不你怎么会安心在家做太太？"其实女作家是因为单位解散在家写作，可她根本不信。

后来有一次她干脆问女作家："你老公一个月怎么也赚有一两万吧！"

女作家没好气地说："你给我呀！"同学听作家这么说，好像有些高兴了，但又有点不甘："那——七八千总是有的吧？"女作家被她逼得没法子，只好说："有。"这下子，同学倒仿佛有些失落了，聊天的兴致也减弱了许多。

第二是，关于女作家要不要孩子的问题，在这一点上，她似乎比女作家的妈还着急。每次打来电话，总要有意无意地和女作家探讨一下这件事，顺便还夸夸她的儿子是多么可爱，说说当母亲是多么幸福，说到最后，也总是话里有话，似乎女作家两口子是因为身体有什么问题才生不出孩子的。

经常不到早上八点，她的电话就来了，而女作家习惯晚上写作，早上七八点正是刚入眠的时候，所以，这种骚扰的电话一多，她就实在烦不胜烦，有次集中爆发出来了："你还有完没完啊？求求你让我睡个安稳觉吧！别每天拿你那些破事来烦我！"

"你这是什么态度啊！！"女同学气愤地挂了电话。

事后，女作家本来还为自己的做法感到有点自责，怀疑自己是不是太过分了。后来听我讲到人际泡沫和毒朋友时，她才释怀——原来自己这位数十年交情的闺蜜是位毒朋友，她觉得该是勇敢割舍这份感情的时候了。

朋友的重要性，众所周知而且毋庸置疑，就像那首歌唱的"千金难买是朋友，朋友多了路好走"。朋友是我们的财富，是我们的贵人。但我们常常会忘记一个前提，就是这个人必须是好朋友，如果是坏朋友，那么他们只会成为绊脚石。

研究发现，平均每个人都有 250 位朋友——有 20% 的朋友，会给你正面的影响，而其中 5% 的朋友会真正帮你；剩下的 80% 是对你毫无帮助，而且还会是困扰你的毒朋友。

每个人一生中都会有两种朋友：好朋友和坏朋友，前者帮你，后者毁你。更令人觉得无奈的是，这类毒朋友，往往还戴着好朋友的面具，打着关心朋友的幌子而来，让人真假难辨、防不胜防。

大思想家伏尔泰对毒朋友看得更透彻，他曾经感慨道："上帝，帮我提防我的朋友吧！至于我的敌人，我自会对付。"为何提防朋友，而感觉敌人容易对付？这是因为有人善于伪装，如果眼力不好，可能就会被毒朋友毁你一生。

所以，对于自己的朋友圈子，一定要多一分睿智，多一分果敢，发现毒朋友这样的泡沫，不可纵容，一定狠心清除。发现朋友如吸血鬼一样，让你筋疲力尽，把你的生活搞成一团糟，那么你一定需要重新评估你们的关系了。如果是毒性太大的毒朋友，一定要果断跟他们说拜拜。已故管理大师德鲁克对此有一个有趣的比喻：清理你的人脉就像清理你的衣柜一样，将不合适的衣服清出衣柜，才能将更多的新衣服收入衣柜。

因此，面对朋友，一定要做智者和勇者，多一分睿智和果断，你将百毒不侵，无敌于天下！

目　录

　　表情很丰富，内心却苍白；交往很频繁，挚交却稀少；圈子很热闹，生活却无聊——这是很多人人际泡沫的真实写照。正所谓：孤单是一个人的狂欢，狂欢是一群人的孤单。

　　在这个多元化的时代，交流的途径和机会越来越多，每个人都难免会遭遇人际泡沫。因此，当你感到身边朋友很多，心却很孤独时，不妨仔细想想，你的朋友圈中有多少是泡沫。果敢地挤掉它，不要为其所累，是为明智之举。

　　中国人所说的朋友，是个广泛的概念，基本上人人可以称作"朋友"，这也是形成人际泡沫的根源。泡沫再加上人心的复杂和隐蔽性，让你身边的朋友鱼龙混杂，没有特别的眼力根本无法辨别其真伪。然而，有时候成败皆由朋友决定——交对了朋友，他会成为让你青云直上的贵人；交错了朋友，就会变成拦路虎，这只虎不仅阻碍你成功，而且还会咬你，轻则遍体鳞伤，重则危及生命。朋友凶猛，不可赤身上阵，一定得有所防备，有所武装，才可游刃于人际丛林。

目录

第3章 七类毒朋友，你需要随时清理 ···················· 51

由于交友不当，从而形成人际泡沫。这些泡沫朋友中有一种是我们最难以察觉的，因为他们往往是我们相交多年的密友，但他们却给我们带来无穷的烦扰，甚至严重影响到生活。心理学家把这种朋友，称为"毒朋友"——即那些用语言或行为给你带来困扰、让你精疲力竭、灰心丧气，最终让生活一团糟的朋友。

越来越多的人开始意识到自己不快乐的根源正是来自于自己消极的友谊，而专门的研究数据也表明90%的人都存在毒朋友。心理学家总结出了7类毒朋友，为了保持朋友圈的良性发展，就必须经常随时清理这七种毒朋友。

第4章 误你一生的十六个交友误区 ···················· 82

泰戈尔说，我们看错了世界，反说世界欺骗了我们。这话正是当下一些人的写照，很多人总是做错了，才知道后悔，总是把"如果……就会怎样……"挂在嘴边。交友中也总是有这种"事后先生"，总是等到伤了感情，或者造成了朋友间的隔阂和遗憾，才知道后悔。人生苦短，友情脆弱，承受不了如此之重的伤害和遗憾，何不一开始就把问题看清楚，少犯错。

交友中有很多的误区，需要你像智者一样懂得如何去规避，从而让你拥有和谐的朋友关系。

第5章 吸引贵人相助，先修炼超强磁场 ·························· 142

人海茫茫，朋友有时候就像散落在一堆沙子中的铁屑，我们要找他们，无异于大海捞针。但如果我们能够变成一块超强的磁铁，那么就变得轻而易举了。

其实，每个人身上都有一个磁场，可以说磁场有多大，吸引力就有多大。很多人虽然普普通通，但别人心甘情愿、竭尽全力帮他，就是因为他身上有很强的磁场，吸引了别人，很多白手起家的成功者，正是这方面的受益者。

只是人的磁场强弱是由人的正面与负面情绪决定的——如果你感到兴奋、热情、欢乐……那么你的磁场就变强。相反，如果你感到烦躁、压抑、生气……那么你的磁场就会变弱，甚至消失。如果你需要有更多良师益友和贵人来帮助，那么，你必须远离负面情绪，把自己修炼成正面的、具有超强磁场的人。

第6章 留住你生命中20%的好朋友 ······························· 181

前面说过，十个朋友，九个泡沫。真正对你的生命产生影响的朋友只是你人脉中的少部分，占到20%左右，而且这20%中，真正能够帮你的只有5%。看到这样的数据，很容易让人对朋友的含金量持悲观态度。但是，我想说的是，朋友不在多，在于精，而且这些数据不是一成不变的。懂得经营人脉的人，不仅能挖掘和留住更多好朋友，而且能够去伪存真，保持人脉的健康性。

第 7 章 借钱：交友中绕不开的一道难题 ················ 216

借钱，向来是朋友间高度敏感的话题，大家谈之色变、讳莫如深。我相信这应该是任何人都能产生共鸣的话题，谁没有过借钱的五味杂陈的经历？

有人调侃说，谈感情伤钱，谈钱伤感情。虽然有失偏颇，但多少能反映出当下人对朋友间借钱的敏感。大文豪莎士比亚说："不要向人借钱，也不要借给人钱。借出去的往往人财两空，借进来的则让人忘记了勤俭。"但完全做到莎翁告诫那样不借钱，又是不可能的，没有谁会坐视朋友有难而不顾的，但借钱给人家的确是个含金量不低的技术活，需要分什么人、什么事，同时需要掌握原则和技巧，那样才能避免人财两空——既损失了金钱，也失去了朋友。

第 **1** 章

你的朋友圈中有多少泡沫

　　表情很丰富，内心却苍白；交往很频繁，挚交却稀少；圈子很热闹，生活却无聊——这是很多人人际泡沫的真实写照。正所谓：孤单是一个人的狂欢，狂欢是一群人的孤单。

　　在这个多元化的时代，交流的途径和机会越来越多，每个人都难免会遭遇人际泡沫。因此，当你感到身边朋友很多，心却很孤独时，不妨仔细想想，你的朋友圈中有多少是泡沫。果敢地挤掉它，不要为其所累，是为明智之举。

十个朋友，九个泡沫

在相亲类节目中，我发现一个很奇怪的现象，那些从事职业与人打交道比较多的优质剩女老是抱怨生活很宅，朋友很少，譬如模特、主持人、高级白领、销售精英、女老板……想不明白的是，她们明明置身于万千人群中，却为何总是倍感孤独呢？原来，她们朋友虽多，大多数却是泡沫，用她们的话来说就是"工作往来的客户能当作真正的朋友吗？"

在身边，我也时常听到太多类似的感慨：置身于这个信息多元化的时代，交流的途径越多、越便捷，为何可交心的朋友却越少，越感孤独呢？这种人际泡沫现象，我也是感同身受，而且发现在当下每个人的朋友圈中，几乎十个朋友里，九个是泡沫。人际泡沫成了当下社会的普遍现象。

我的一位从事汽车销售已经七八年的朋友，他接触的客户遍布各个行业和领域，给我的感觉是个朋友很多，人脉很广的人，他也以此为荣。但之后的一件事，却让他发现事实和他想像的大相径庭。

有次他在路上接受一个问卷调查，其中有一栏是"填写出意外后的紧急联系人时，除了家人，您能想到几个可以联系的朋友"，当时他想了半天，脑子里竟然一片空白，难道他真的没有一个真正的朋友？

这件事情对他的打击很大，他开始频繁地参加一些以前不屑的交友聚会，希望能够交到真正的朋友，可是事与愿违，反而越来越感觉到这种活动的无聊，现在他被人际泡沫的问题困扰着，不知道怎么办才好。

我首先告诉他说，不要对此大惊小怪，每个人都几乎不可避免地遭遇人际泡沫。因为各种原因，当然绝大多数是因为工作原因，我们每天可能都会和一群陌生人说着不相干的话，喝着不相干的酒。数一下自己手上的名片，有多少是可以直接扔掉的？看一下自己QQ、微信里面，有多少是自己不会主动去聊天、甚至不知道名字的？手机通讯录里的电话接近饱和，节假日时，是不是都把祝福的短信群发，而没有想送点特别祝福的朋友？

这些工作上往来的朋友，绝大部分都只是一面之缘，下次有事需要再联系的时候，跟陌生人没什么两样。这种看似膨胀实则空虚的人际泡沫，就是当下都市人朋友圈子的真实写照。

朋友听了，显得平静多了。于是，我再跟他分享我大学毕业，参加工作的一些感受。我从1999年大学毕业到参加工作，再到现在创业成立自己的公司，已经有11年时间了。工作这么多年，换过的工作不下十份，通过其他途径认识的朋友暂且不说，就说同事，就达到几千人。

性格随和的我，工作的时候和同事的关系都很融洽，是个善于经营人际关系的人。但是十年下来，我的体会是，每次跳槽后能和原来公司同事保持联系的也不过几个人。

我时常也会检讨自己，是不是自己做得不太好，还是另有蹊跷。但经过我这么多年的体会和研究发现，原来这一切都是极其正常的。因为在工作中认识的人，更多是因利益而存在，能真正成为朋友的寥寥无几。同事是因为工作关系而认识的，既然跳槽了，以前的工作关系不存在了，自然会疏远。但并不是说，同事就不可能成为真正的朋友，十年的打工生涯，我同样认识了不少比金子还宝贵的朋友，虽不多，却足可以驱除人生的寒意，温暖一生。

我这样一分析，朋友也就释然了。

令人感到震惊的是，很多为生计而疲于奔命的人，因为无法站在局外人的角度冷静思考，所以极易陷入人际泡沫的误区中难以自拔。他们分不清工作跟自己生活的不同，以为工作的交往就是交朋友了。再加上一些书籍片面强调人脉的重要性，譬如"人脉就是钱脉""人脉就是命脉""一个人的成功80%取决于人际关系"等观念的误导，人与人的竞争就演变成了人脉的竞争，每个人为了获得更好的发展空间，在扩大人际交往上拼命向前，惟恐落于人后。

为了扩展人脉，每个人无不挖空心思通过各种途径去结交朋友，而且用大量时间和精力维系关系，甚至有时候还以牺牲与家人共处的时间为代价。他们用电话、电脑、传真等现代通讯工具维系着自己与社会的热闹关系，常常日夜颠倒地加班、应酬，每天的生活就是工作、饭局，两点一线。

有位做房地产销售代理的同学就经常跟我倒苦水说，"有时候我真搞不明白，是赚钱为了生活，还是生活为了赚钱！"同学这几年为了扩展人际关系，牺牲了很多。没有意义的应酬多了，节假日在家的时间少了。一年四季经常要去旅游胜地参加各种名目的会议，每次都觉得很无奈，不去不行，会得罪朋友。

同学说："上周日是我结婚5周年，早就答应老婆要好好庆祝一下，但当天却被客户强行拉出吃饭。我只好给老婆打了个电话说明，虽然老婆很宽容，没有说什么，但是这样的事情一多，总觉得愧对老婆。有时候难免有点胡思乱想，感觉挺没劲的，生活都本末倒置了，赚钱不就是为了能够幸福生活吗？但现在好像是倒过来了，为了赚钱，牺牲了生活……"

其实，这位同学倒真没有胡思乱想，他说的话正是当下很多人的真实写照，他们经常把知心朋友，甚至亲人搁浅，把大量时间用于各种人际、利益关系的应酬。这种本末倒置的做法，显然是划不来的，而且累得自己身心疲惫。

如前面所说，大家都意识到人脉的重要性，却忽视了其可能产生的泡沫。如今的商业社会俨然成为利益的社会，人际关系更多是以利益为前提，一旦失去利用价值就是沦落；另一方面，人们患了用情恐惧症，害怕受到伤害，感情的付出愈加收敛。所以，把人际网络等同于真情实感的真朋友，只是理想化的愿望而已，人际泡沫反而是生活的常态。有人说，人际关系泡沫显示了在社会变更时期的缺憾，是不无道理的。

"商业社会，不进则退，一旦失去被利用的价值，就是沦落。"安妮宝贝的小说《彼岸花》中的这句话听起来很残酷，却揭示了维系人际泡沫的实质。英国首相丘吉尔的"没有永恒的朋友，只有永恒的利益"更是道破了朋友关系的脆弱——在利益面前，友情何其脆弱，当利益和友情放诸天平的两端，友情无疑会让位于利益。

所以，越是物欲横流的时代，知己越难求；越是人前喧嚣和繁华，人后就会更加落寞和凄凉。正像有人所描写的，"某个时刻众人簇拥，繁华似锦，一层层退却后只余荒凉；当月白星稀，许多人的孤寂之情如水落石出。"

与人际泡沫对应的是城市荒漠。很多人都把城市比喻成钢筋水泥的丛林，城市越来越大，物质生活越来越好，心灵却无处安放。显然，中国的城市心灵正在经受着人际泡沫的考验。

要想活出自我，享受人与人心灵的共振，就需要寻求心灵的突围，有效地为人脉网络"脱水"。合理规划交际范畴，懂得及时清理人脉，过滤和割舍那些给你带来困扰的泡沫。从职业的角度来说，要有效地安排自己的工作时间，公私分明，不能过分地期望所有的同事、客户都能成为父心的朋友。最后要学会转变"谨慎用情"的观念，以心换心才能实现利益、情感的双赢。

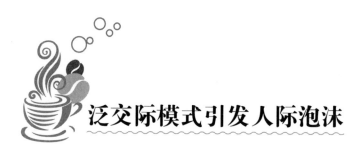

泛交际模式引发人际泡沫

生活在科技和信息高度发达的现代社会，你要是没有三五成群的朋友，不但不利于自己，恐怕还能引来别人看怪物似的眼光。

有了许多朋友，却有人对你说，你的这些朋友只不过是毫无用处的人际泡沫，根本算不上朋友，恐怕你的心情会更加纠结。

高科技的信息时代，给人们的生活带来了方方面面快捷和方便。想找朋友，各种交友聚会和交友论坛多不胜数；想要聊天，想看看远在天边的朋友，那更没问题，哪怕隔着万水千山，打开电脑就能搞定。你们每天见面，网上聊天，说着亲密的话语，说不定还商量着未来的人生大计，不说是生死相随吧，至少也算得上是亲密无间。都亲密无间了，还说是人际泡沫，你心里能爽得起来吗？

你看重朋友，这不是你的错。因为朋友自古以来，就在人的生命中占据着重要的位置，并且很多时候，还是助你成功的捷径。某研究中心曾做过一项调查报告，称人们成功的机率，自身的原因只占五分之一，而其他的五分之四则来源于各式各样的朋友和各种机遇。这几乎就是毫无疑问地告诉你：想要成功，没有朋友是不可能的。

你当然也想成功。于是，就开始疯狂地应酬，交际，大把大把的金钱和精力投资在交友行动上，把自己搞得如交际花一般，把关系网建得连通五湖四海，延伸海角天涯，让自己进入泛交际时代。

你的朋友越来越多，但你却从没考虑过一个问题：朋友的含金量。你以为抓在手里的都是金粒，根本不会想到其实那只是一把阳光下闪着金光的沙粒吧。

这些闪着金光的沙粒其实就是人际泡沫，因为你虽然把他们看成朋友，但他们真起不到朋友应有的作用。

为了一些没有任何用处的沙粒，却投入无限的精力和财力，甚至严重影响到你正常的生活和快乐，真是一笔赔得一塌糊涂的生意。

记得有天我刚下班回到家，就听到邻居小周家传出吵闹声。这小夫妻俩，吵架几乎成了家常便饭。敲开门，刚想安慰几句，小周的爱人李宁就喋喋诉说起来：原来，小周每天下班都没按时回过家，总是这个朋友聚会，那个朋友生日，一天到晚看不到人影。这还罢了，最让李宁生气的是，他每月的工资，还没过半月就光光的了，全是用来陪朋友去玩，去喝，去唱。这不，今天刚领薪水，还没走到家就少了五百多，又是和他那帮哥们去喝了。"他心里还有没有这个家呀！要没心过日子，就离！"

小周委屈地说："那都是铁杆哥们，应酬哪有不花钱的！"

"你还有理了？什么狗屁铁哥们，你们就是酒肉朋友，狐朋狗友……"李宁气得大叫，小周也还击道："你瞎嚷嚷什么？我朋友多，人家爱跟我来往，那说明我人缘好。像你，就知道挣了钱窝家里，连个朋友都没有……"

"我是没朋友，你的朋友多，管用吗？上一次在医院躺了半个月，把我累死了。你的那些朋友呢？你的好人缘，怎么不来看看你呢……"李宁越说越委屈，抓起一个烟灰缸就冲小周砸过去。幸好小周躲得快，没砸在身上。

交友应酬，给自己找点快乐，人之常情。但要因此冷落了家庭和妻子，就得不偿失了，何况还只是一些无用的泡沫。

小周忙于他的关系网建设，仅只是把家搞得一团糟，而于慧和张强，就麻烦多了。那天，突然接到于慧的电话，说搬家了，请朋友们过去聚聚。

于慧原来的房子在市中心，地理位置好，购物出行也非常方便。这么好的房子又换了？难道有了更好地段的房子？

按着于慧的地址来到她的家，不由大吃一惊。于慧现在的房子竟然在三环之外，远离了繁华的闹市中心。虽然清静了许多，但购物、出行就麻烦多了。

"于慧，你想成仙呀？人家的房子是越换越大，地理位置越换越好，你倒好，越换离闹市越远，这面积好像也没原来的大呀……"朋友一边视查于慧的新居，一边开着玩笑。没想到一句话勾起了于慧的委屈，不停地抱怨起老公来。

原来，张强在单位里是有名的交际王。上至公司领导，下到门卫保安，谁见了他都会笑呵呵地打招呼。

半年前，张强被提升为部门经理，这一下，他的人脉更是广起来。谁见了他，不是"大哥""老兄"，就是"小弟"啥的，叫得像嘴上抹了蜜。张强心里舒服，对于人家提出的要求也尽力帮助。张强呢，觉得要搞好工作，除了业务必须过关，关系也至关重要。于是，利用一切可以利用的手段来发展自己的关系网。今天请这个吃饭，明天和那个打牌，还时不时地买了贵重的礼物，到几个上司家里联络感情。每隔一两个星期，他还让于慧买来瓜果糕点，在家里举行朋友聚会，把于慧搞得疲惫不堪。一天，于慧病了，想让他陪着到医院去。结果打了半天电话全是忙音。气得于慧好几天没理他，他却不以为然地说："女人们就是头发长，见识短，这些都是资源……"

正当张强风云得志的时候，公司突然出事了，被查出大量的偷税漏税款额，连打带罚，公司一下元气重创。而更雪上加霜的是，公司原有的客户都怕牵连自己，纷纷撤回了未定的合同，公司一下濒临破产。

眼看着公司已无可留恋，同事们跳槽的跳槽，辞职的辞职。张强也准备下海经商，好不容易瞅好了一个项目，手里却没有资金。于是，他想起了昔日的好朋友，但让他吐血的是，当他上门求到那些朋友的时候，人家不是说没钱，就是说钱刚借出去。还有更可恶的，干脆避而不见。商场如战场，错过时机也就错过了挣钱的机会，不想错失良机，张强只得暂且卖了房子，先抓生意再说……

于慧冷笑着说："看到了吧，这就是你的资源。你的朋友遍天下，现在呢？

用得着的时候，全都消失了。"

张强一声不吭，自己苦心营建的资源网不但没帮自己度过难关，反而让自己在妻子面前丢尽了颜面，真让他失望，觉得真是被利用了。

不过这一次的泡沫之毒，也彻底让张强长了教训。总算明白：人脉再多，也不是朋友；交际再广，江山还得自己打。

像张强这样的现象，生活中实在是多不胜数。一些人总是一厢情愿地认为，朋友是路，越多越好。为了使自己的路更宽更广，便把大部分的精力都用在交际上、聚会、舞会、招待会，把自己累得疲惫不堪不说，还浪费了许多的物力和财力。而到最后，才看明白，这些全是没用的泡沫，到此时方悔得肠子都青了。

张强的泡沫，其实大多是缘由他自己的虚荣心。人家对你客气亲密，那是因为你手中有小小的职权，可以帮得上人家，所以拍拍你的马屁。一旦可以依附的靠山倾倒，你在他们心中就失去了份量，他们怎么会真心帮你呢。要想避免当冤大头，最重要的一点就是，别太把自己当成一棵葱了。

世上有侠胆义肝之人，当然也不乏口蜜腹剑的小人。当你有利用的价值时，你就是一块美味的蛋糕，谁都想咬一口，品一口，也是情理之中的事。但重要的是，别在意朋友的多少，朋友要精不要多。让自己长双慧眼，看清哪些是泡沫，哪些是真正的朋友。

交际场其实也就是商场，而商场是最不能讲人情的。当泡沫们围剿上来的时候，你得有充分的心理准备。如果想满足虚荣心，那就享受一会儿泡沫带来的满足感；如果明白精力和财力不能白白付出，不想被无用的泡沫陷住自己，那就有力度地还击：拒绝泡沫，远离他们。

别以为这样会失去朋友，因为失去的只是一些虚幻的人际泡沫而已。

人脉网络不等于朋友

一个良好的朋友圈子，是你成功的必备条件。而有了广泛的人脉，也就拥有了无数朋友，拥有了成功的前提。这话貌似没错。

也确实，许多人正是因为有着广泛的交际圈，一个眼神，一个电话就能解决你费尽了力气都解决不了的事。人家因为广泛的关系圈，成功来得没费吹灰之力。而你呢，总是疲惫劳碌，成功离自己依然很遥远，当然心有不甘。于是乎，那句话似乎就成了至理名言，就成了自己的崇拜，就开始到处拉关系，狂建关系网，似乎这样就准能抓住了成功的翅膀。

在你的努力之下，关系网是建起来了，好歹也算是相交满天下了。但别忙着得意，因为命运之神总爱开个恶意玩笑，突然给你来个措手不及，让你从高处突然掉落下来。现在需要你的人脉资源了，赶快张开一张网来托住自己……郁闷，你还是重重地被摔在地上。原来，你建起来的这张网，不过是片蜘蛛网，根本经不得任何风吹雨打，连你的半根毫毛也接不住。更让人悲哀的是，当你看到自己像猴子一样急得上蹿下跳，你的那帮哥们姐们儿，都只会远远地观看，根本没有伸出手拉兄弟一把的意思，这时候是不是悔得肠子都青了呢？

现在相信一样事实了吧：人脉不等于朋友，即便是广泛的人缘也未必能有几个知心朋友，而在需要朋友们时，你依然是孤独。

那天，朋友晓琳来找我。看到晓琳满脸郁闷，我便问她怎么了。晓琳顿时打开了话匣子，向我倾诉起来。

一年前，晓琳的男友杰进入广厦电子公司，他这已经是第三次跳槽了。自认为有着丰富的社会经验和工作经验，杰认为在新公司，自己一定会如鱼得水，便抱着晓琳说："一年内拿到中管职位，三年后买房子，然后结婚！"

杰的确很有才干，进公司没多久，就因为业务娴熟，成绩突出被上司看重。不久，上面传来消息，说生产部的经理将要在杰和另一位叫范钟的人之间选取一位。杰听到这消息后，对晓琳说，想往上走，除了业绩，人脉也是重要资源，自己应该多向发展，广泛结交人脉，得到朋友们的支持，这样才能把部门经理的位置稳拿到手！

从那以后，杰就像变了一个人，除了拼命工作，也开始疯狂地营建自己的关系网，对每一个人都热情备至。同事间谁有了困难，他必定会伸手相助。每每到了星期天，就约上一帮同事一起去夜宴，或者跳舞。当然，对上司也没忘了殷勤讨好。总之眼观六路，耳听八方，能顾及到的都顾及到了。你别说，还真有成效，提到杰的大名，公司里无人不晓，人人都夸他好人缘。

刚开始，晓琳还能支持他。毕竟，杰成功了，她肯定也跟着风光。但让她不爽的是，杰因为转移了心思，她也就寂寞了许多。当她想他的时候，他总是在陪着上司打球呢；千辛万苦淘到了一件打折的名牌时装，希望杰支持一下自己已经缩紧的钱包，杰却说他三天前钱包就瘪了，钱都花在交际上了。晓琳气得真想张嘴咬人了，杰安慰她说，再忍忍，胜利的果实马上到手啦！等我拿到部门经理，加倍补偿你……

晓琳身体不舒服，想在星期天的时候去医院检查，当然希望杰来全程陪同。但杰回电话说，他正和副总及秘书在一起喝茶呢，让她自己先去，他待会儿到。晓林生气地挂了电话，寒心起来，原来自己在他的眼中远不如他的仕途重要！

年终的时候，总部要营销部拿出一份冬季营销策划。杰领了任务，跑市场，查数据，忙了差不多半个月，终于定好了策划方案。得知他完成了策划，一大帮朋友涌到他的宿舍里，带来酒菜，说要让他放松放松。杰暗自得意，自己的这次策划应该是一记重拳，把对头重重打趴地下。心里轻松，就放开胆子闹，那一晚都喝得东倒西歪了，酒会才结束。

星期一，杰暗自得意着交上自己的策划，没过半个时晨，老总就寒着脸把杰叫进了办公室，两份策划重重拍在他面前。杰一下懵了，原来，范钟的策划比他提前12小时上传到公司，但真正让杰吐血的是，范钟的策划上有许多他的创意。

业务部经理终于花落范钟。

不久，各种谣言纷纷涌来，说杰没当上业务经理，是上面的意思，上面说杰这样的人太圆滑了，拉帮结派不说，人品也有问题。一句话，就把杰打到了十八层地狱里。

杰一下子从天堂滚到地狱，觉得自己真比窦娥还冤，明明是对手偷了自己的创意，自己反而成小人了！杰感觉深深被伤害了，什么朋友呀，竟然藏着范钟的内奸。

就在这时，新官上升三把火，新任经理决定精减部门。杰还算聪明，没等到裁员通知下来，就自己交了辞呈。走的那天，有许多人说要给他饯行，杰摇摇头，这一系列的变故，让他明白，人脉不是朋友。如果没有这些人脉的内外勾结，自己如何能落到这地步？

晓琳说，自己现在真的矛盾，想到杰一心为了仕途，而冷落自己，就委屈。但看着他现在像条丧家犬，又觉不忍，所以求我帮帮杰。

转托朋友，介绍杰进了一家效益还不错的中型公司。大概看透了世态炎凉，杰到了新公司，除了做好自己的工作，对其他的基本不热心。这样正好，因为把精力全用在了工作上，工作成绩倒是直线上升；几个月内连续发展多家客户，创了最佳业绩奖，没多久就提升为市场经理。

那天和杰在一起吃饭，杰感叹地说，跌过了一些跟斗，才会变得务实。从前一厢情愿地认为人脉网络打开了，机遇才会多。现在才明白，打开入脉网络的同时，也打开各种风险和竞争。人脉再广，也只是看客，说不定还是杀手，永远不会是真正的朋友。

再好的人脉，也只如海市蜃楼一般玄幻，艳美异常，却只是幻影。你也别指望它能在你口渴时，给你一杯解渴的水。在这些虚幻的景致上浪费感情，除了让人家说你一声白痴，还能得到什么？

再多的人脉也只是虚拟的摆设，当然，你要醉心想当个交际家，那就另当别论。所以，越是物欲横流的时代，越要让自己睁开一双慧眼，分清泡沫和朋友。别等到落井时，才看到自己只顾去捞取虚幻的泡沫，反而把真正的朋友也搞丢了。

80% 的朋友只是你生命中的过客

你热情好客，善良多情。从孩提走到现在，一路上曾发过生许多动人的故事，也因此而结交下许多的朋友。你深深记得他们，并暗自欣慰：自己人缘好，有着如此众多的朋友。其实，这些朋友中，好多只不过是你生命中的过客而已。

别感觉不爽，因为事实正是如此。时光在变，朋友的内涵也在变，"朋友"这个词也早已失去了原汁原味，变成了交际场中的专用名词，可以代表一切你认识的人。

人们就如置身在一个不停旋转着的陀螺上，因为不停旋转，看到的地方很广，把每一个看到的人都当成朋友，不是错误，但绝对是自做多情。

虽然，有许多人不甘心地吆喝说，我有很多朋友。但其实这些朋友已经不是真正意义上的朋友了，他们仅只是熟人，或者一些熟识的伙伴而已。真正的朋友是知心知意，生死相托，肝胆相照，而这些人做不到。

这些人可以是你的同事，也可以是你的邻居、伙伴，总之是一些离你非常近的人。

在某一个人生阶段里，你和这些人真的相处亲密无间，但这都不能说明你们就已经成为朋友了。相交甚密，只能说明你们相互需要，所以才异常厚密。而走过这了段路，你们会各奔东西，友情也不复存在，关系淡的，有时连陌生人还不如。

也就是说，这些朋友仅只是你生命中的过客而已。似乎有点残酷，但这就是现实。

一天，达达电话约我一起上街买衣服。

"不是上星期刚买过吗？你想开时装店呀？"我问达达。达达嘿嘿笑着说："上星期买的是家常穿的，这一次买的是宴会上穿的。"

宴会？达达要举办宴会？

赶到约会的地点，达达早就到了，看到我就高兴得跳起来。一边往商场走，达达给我下达任务，要我帮她挑一件上档次的，高贵一些的，她要参加一个重要宴会……

"不是你办宴会呀？"多少有点失望。

"当然不是我，不过办宴会的人，档次比我高啊。"达达得意地告诉我，她有一个叫吴树的朋友，在总公司分管人事，要在周末晚上举办大型宴会。邀请的除了朋友，也有许多公司上层人物。这对达达是个机会。

达达说，吴树在没到总公司之前，和她一个公司，两个人同住一间宿舍。达达说："你不晓得呀，吴树很随和的性格，我们一同住的时候，好得真像亲姐妹。我的衣服，她的衣服，我们都是混着穿的，茶杯也共用一个。不过人家比我争气，在我们公司呆半年就调到总公司，现在还在一个劲地上升。前天她来我们公司视察时说，要办宴会宴请一下老朋友。你想，我作为她最好的朋友，要是穿得太寒酸了，我自己丢面子，也掉她的份不是……"

"如果这样，你就不要买了。人家现在是经理级别，邀请的人肯定也大多是同一级别的客人。你想呀，去的都是公司的科长、经理啥的，就是邀请一般员工，肯定也是有后台有背景的，你一个小人物，恐怕不在邀请之列吧！"

我的话说得太直了，达达当时就不高兴了，翻着白眼还击我："朋友就是朋友，不分贵贱。人家是让你帮忙挑选衣服的，干嘛这样打击我呀！"

我只好闭上嘴巴，认真帮达达挑衣服。那天下午，我们转了好几家商场，达达总算挑中了件墨绿的晚礼服，配上达达的白皮肤，相当高贵典雅。接下来就是唇彩、眉笔……一路上达达都在得意洋洋：

"等着吧，那天晚上，我保准是一位皇后极美女。"

瞧把她美的。但达达却没成为那晚的美艳皇后，达达花费了一个星期精心准备，等得花儿都凋了，也没等到吴树的请柬的影子。郁闷的达达，伤心又失望，就差去撞墙了。

接下来的情况可想而知，电话打不通，短信不回复，怕她有意外，还是忍住笑，去安慰她。

"我对她那么好，她病了，我去给她请医生，她说寂寞了，我就陪她去散步。我的衣服她可以随便穿，而且，每次领了薪水，我都带她一起去开餐，全是我埋单哎！没想到，她根本就是一只白眼狼，大灰狼，忘恩负义……"

达达气得脸都白了，不停地咒骂。是呀，太丢人了。因为达达的提前放风，公司里几乎所有的人都知道她要去参加吴树举办的 party，没想到吴树连请柬都没让她看到，这也太伤人自尊了吧。

不过这也怨不得别人，谁让达达自做多情呢。

"我自做多情？你有没搞错？我只是拿她当朋友！"达达白我一眼，依然气咻咻的。

你是拿她当朋友，并且你们也曾经是朋友，但那都是过去的事了。友情也是此一时彼一时。当时，你们是朋友，那是因为她在这个环境里，需要你的温暖，你的友情。现在时过境迁，她需要的是另外的友情和温暖，抛开你就在情理之中了。充其量，你在她眼中，只是一个过客。倒是你，自作多情到想把所有的过客当朋友，不贻笑大方才怪。

"难道我真诚对人，错了？"

达达依旧不甘心，可怜巴巴地像个受了委屈的小孩子。

"当然错了。因为生命中的许多所谓朋友，其实只是你生命某一阶段的过客。过了相互取暖的阶段，你的快乐，你的生老病死，对他，只是一个信息。他不会为你难过，也不会放在心上。因为他还有他的路要走，还有许多新的东西需要他记住。当然，你也同样是这种情况。环境变了，亲密友情也会跟着消失，别想不明白，想不明白只会误伤自己。"

"太残酷了！"达达仍旧不甘地叫着，但情绪明显好多了。

"不残酷，只是让你明白，别以后老把过客当朋友，无休止地让自己受伤。"

其实这就是现实，这种情况不管你接受不接受，随时会你在身边发生。人生就如一趟不停行驶的列车，每到一站，总会有人上车，也有人下车。一路上遇到的朋友就是这些上车下车的人，只是你人生路上的过客，是要随着列车的驶远而消失的。这些友情式的过客，在你的人生路上不停地出现，然后消失。

只是一段记忆，只是一些过客。你说，为这些匆忙而过的友情埋单，值不值得？

要想活出自我，尽情享受这世间的美景，就得学会人脉脱水，不能把时间和精力投放在那些过客身上，留点精力给长久的朋友，给自己。其实做到这也很简单，就是让自己稍微自私一点，稍微没有人情味一点。别过多地在意这些朋友式的过客，因为过客太多了，你博爱不过来哦。

有的友情就让它随风而去

那天，朋友讲了这样一个笑话。山脚下住着两个朋友，他们一心想求仙，便每天到山上的玉皇庙去烧香求拜。

年复一年，玉皇看到他们的诚心，就派神仙来点化他们。神仙给其中的一个人托梦说，明天玉皇巡游到此，太阳升起之时返回天庭，如果他能在太阳没升起之前赶到庙里求拜玉皇，就能得道成仙。这人醒来，激动万分，但看到身边的朋友，又泄气了。昨晚他们俩人喝酒，朋友喝得烂醉，等到明天晚上恐怕也未必能醒来。

这位朋友权衡利弊，就独自去山上求仙去了。他赶到庙中，果然成了仙。烂醉的朋友醒来后，大骂成仙的朋友忘恩负义。从前说那么多的同甘共苦的话，竟然丢下自己一个人成仙去了。

成仙的朋友无可奈何地说，这不是自己的错，谁让你那么贪杯呢。

是呀，虽然是至交的友谊，但为了自己的利益，也只能让它随风飘走呀。

这有点小人作风，不值得提倡。但当生活中有伤及你的友情时，你也要懂得舍弃，该扔的扔，该留的留。

有天，去看望朋友清清，却见她正在不开心。问她怎么了，清清苦着脸说，有个市郊的朋友说要来，所以她正在发愁呢。

"有朋自远方来，不亦乐乎。人家大老远的来探望你，应该高兴，你愁什么呀你？"

我开着玩笑，清清却郁闷地说："我真愁得都想去撞墙了。这朋友可不是一般的朋友，这朋友简直就是爷到家了……"接着清清告诉我，原来，清清大学毕业时，来到这个城市工作。刚开始，没地方住，就租了一家民房。房东大娘看清清孤身一人大老远地来到这里，对她很是照顾。清清很受感动，就和房东的女儿小雅成了好朋友。

半年以后，清清在公司里有了住处，才离开了房东家。临走的时候，感谢人家半年来对自己的照顾，清清留下了自己的联系地址，说有什么需要的一定会帮忙。

几年来，清清差不多都忘了他们一家了。四个月前，小雅忽然找上门来，说来市里玩耍，顺便来看望一下老朋友。故人来访，清清当然十分高兴，特地请了假在家里招待她，并给老公打电话，让他也回家来陪客人。

没想到小雅还没住够一天，家里就被折腾得跟狗窝差不多。地上是她横着的鞋子，沙发上是她随手扔下的外套，瓜子皮嗑得满地都是……清清的老公眉头皱了起来。想到小雅来一次也不容易，清清赶快讨好老公，让他担待两天。为了尽地主之谊，晚上的时候，清清特地请了几个同事，带上小雅一起去餐馆吃饭。

这下可真丢大人了，小雅根本就不会礼仪，不懂得餐桌上的规矩。她大声说话，大口喝汤，隔着桌子去夹对面的菜，哩哩啦啦掉了一桌子的菜汁菜沫，吃饭时把嘴巴咂得山响……看到同事们不时流露出的不屑目光，一顿饭还没吃完，清清就难堪得如坐针毡。

第二天，小雅说要逛街，清清当然不能拒绝。一个商场没转下来，小雅就双手满当当的了。最后，小雅又看中了一件新款上衣，但把所有的口袋翻得底朝上，她只搜出不到二百元，七百多元的衣服，就当然由清清埋单了。

好不容易，油煎似地过了三天，小雅大包小包地打道回府。

没想到两个月后，小雅又来打扰了，自然又是上次的尴尬节目依次再上演一遍。但清清的老公不干了，小雅刚一离开，清清的家里就发生了 A 级战争。老公给清清下达通牒：这样丢份的朋友，拒绝清清再跟她来往！否则……哼哼，后果自想。

清清性格温柔，根本说不出绝情的话。这边是旧友，那边是老公，清清成了风箱里的老鼠了。

小雅每来一次，清清的感觉就像是在地狱里走了一遭。光善后工作，比如抚慰老公、清理房间啥的，就得忙上两三天，真把清清搞苦了。昨天晚上，小雅打电话来，说马上要结婚了，要和男友一起来买新婚用品，可能又要讨扰清清姐哦……电话没听完，清清就差点晕过去，一个小雅就够她折腾的了，现在又加一个男友，这日子还要不要人过了？

"这有什么为难的？直接拒绝不就行了。"我说。

清清有点难为情，说："老是想着当年，人家妈对我的好，觉得太无情了，不合适……"

我不由摇摇头，清清这才是庸人自扰，自讨苦吃呢！什么叫太无情？你该她？欠她？不该不欠吧，那就不存在无情了。她妈妈当年对你好，那是她妈妈的情。她跟你可是一点瓜葛都没有的，根本没必要为此感觉不安。

俗话说，人往高处走，水往低处流。物以类聚，人以群分。就是朋友，也大多是有共同兴趣、共同话题才能组合到一起的，你跟她两个世界，哪来的共同话题？在一起能有朋友的感觉？而且，就算朋友不能给自己脸上增光，但也最起码别让自己丢份吧。当朋友的形象明显是自己额上一只苍蝇时，还有必要维持这友情吗？

何况你们根本也就不是朋友，只不过是从前的熟人。从前也许有友情，但时过境迁，你不是那时的你。天下没有不散的宴席，你要走你的道，她要行她的路，志不同，道不合。如果把友情分为三六九等的话，这样的友情恐怕连最下等的"鸡肋"也不是呢。

当年曹操因为舍不得"鸡肋"，让自己战败一场，并损失两颗门牙。你总不会想让这还不如"鸡肋"的友情，让自己落得比曹操还惨吧。

　　反过来说，她也没把你当朋友来看待和尊重呀。没准你在她眼里根本不是朋友，整个就是一个免费吃住的旅游歇脚点呢。

　　再三的犹豫，清清还是害怕那些意料之中的难堪和尴尬，终于给小雅打了电话，说自己要去出差，不能在家招待他们。

　　人是向上爬的动物，当你从一个旧环境爬上一个新高度，低处的一切，肯定不会适应你现在的高度，而放弃从前的，就是最聪明的选择。只有轻装前行，才能找到更好的高度，更好的靓点，让自己更好地发展。

　　交友也是如此，旧的朋友跟不上时代，跟不上你处的环境，那只能舍弃。否则，将会是一只沉重的包袱，不但拖得你寸步难行，还处处让你狼狈地重演过去的难堪。所以，当这些貌似温柔，却异常凶猛的朋友将要变成搅乱你生活的温情杀手时，你唯有一个选择：让这种友，随风飘去。

第 2 章

朋友凶猛，不可赤膊上阵

　　中国人所说的朋友，是个广泛的概念，基本上人人可以称作"朋友"，这也是形成人际泡沫的根源。泡沫再加上人心的复杂和隐蔽性，让你身边的朋友鱼龙混杂，没有特别的眼力根本无法辨别其真伪。然而，有时候成败皆由朋友决定——交对了朋友，他会成为让你青云直上的贵人；交错了朋友，就会变成拦路虎，这只虎不仅阻碍你成功，而且还会咬你，轻则遍体鳞伤，重则危及生命。朋友凶猛，不可赤身上阵，一定得有所防备，有所武装，才可游刃于人际丛林。

蒋干中了谁的计

假如，你是一个成功人士，有着广泛而活络的人脉。除了工作，你有很多时间周旋在朋友们中间。因为他们，你的事业如日中天，一切都按着你预定的目标向前走着。你为你的一切感到洋洋得意，但你却没有注意到，有一条蛇正从那些"朋友"中窜出来，悄无声息地咬向你……

这当然不是梦，你的朋友太多了，鱼龙混杂是根本不能避免的事情。并不是所有的朋友都和你是肝胆相照的，虽然他们貌似和你很亲密，甚至到无话不说的地步，但那只是一种假象。当你们彼此相安，没有利益冲突时，没有谁会傻到无缘无故去得罪一个"朋友"；而一旦有牵扯到彼此利益的事情发生，你的"朋友"就很有可能把你们的友情抛在一边，伸出他们隐藏的毒牙，凶狠地咬向你，给你致命的一击。

这一点都不是夸张，若你留心，你会发现，从古到今被"朋友"咬的事件，那可真是多不胜数。

三国争雄时期，曹操欲破东吴，怎奈东吴帅哥周瑜有勇有谋，是他最大的对手。每想起周瑜，曹操都愁得寝食难安。正当曹操头发都快愁白的时候，他手下的一个谋士蒋干跳出来说，俺和那周瑜是同学，当初曾结拜金兰，发誓要有难同当，有福同享。现在俺去劝说好友，肯定能让他归顺主公！曹操一听，当然心花怒放，拍着蒋干的肩膀，大大夸奖了一番他的忠义心肠，又许了他一大通功成以后一定要为他加官进爵的空头支票。兴奋的蒋干就屁颠屁颠地去东吴找他的哥们周瑜去了。

周大将军正在研究战情呢，一听说老同学来了，鞋子都没顾得穿好就赶快迎了出来。要说这周大将军还真够义气，又是杀猪宰羊，又是美女助兴，还亲自为老同学把盏斟酒。酒足饭饱之后，周大将军还非要拉着老同学一同入睡，要好好叙说分别的相思和旧时情分。这可是国宾极的款待级别呀，蒋干激动得都热泪盈眶了。老蒋是太激动了，竟然难以入睡，这一折腾，还真折腾出事情了。天哪，他竟然在老同学的书桌上，发现了同事通敌的罪证！怪道主公一直战不能胜呢，有内贼当然难以取胜。这老蒋激动得就差点跪地三呼万岁了，连夜拿着如山铁证返回自家营地。

蒋干暗自得意，梦想着自己立了头等功，却没想到他带回来的根本就是一张催命符。

他的这张铁证，不但让曹操损失两员得力大将，还折兵 80 万，最后把自己的小命也送了进去。

这时人们才会想到，呀，原来周大将军对老同学所做的一切，不过是场演到骨子里的戏！不显山不露水，不龇牙不咧嘴，就要了老同学的命，这奸计毒得，入骨三分呀。

别以为这只是发生在小说里的故事，不管小说和现实，在利益面前，人们往往会把自己放在第一位考虑。

在动物世界中，动物们为了生存，赤裸裸地强占、厮杀，一点都不掩饰。一群看似和睦相处的猴子家族，内里的争斗却是血淋淋的。猴王会把自己的对手赶尽杀绝，不让它有喘息的机会。而凶猛的狮子也在争地盘时，毫不留情地咬死同类。人类由动物繁衍过来，虽然早已进入文明社会，但一旦利益受到冲击，这种野性就会淋漓尽致地发挥出来。

不管是在动物世界，还是现在文明中，为了达到自己的目的，出卖朋友，出卖同类的事，每天都在上演。打着生存的借口，许多人放弃友谊和善良，让利益主宰自己，悄然把自己变成一条带毒的蛇。

现代人生活浮躁，每天赶场似的交朋友，使得身边聚集着大量的泡沫，也就给自己的安全造成了隐患，因为谁也不清楚，这些泡沫中究竟隐藏着多少条"蛇"。

王谦在大学里学的是化学专业，毕业后应聘于一家化工公司。王谦肯吃苦，肯钻研，连续几年，都为公司研制出新产品，职位随着业绩上升，没几年就做到了业务经理。最近，王谦又在带着一帮同事研制新产品。据内部消息，新产品研制成功上市后，王谦有可能冲刺总部领导层，这真可谓春风得意。

王谦平时最大的爱好就是交友，现实和网上的朋友多得他自己都数不清。

一天，一个网上的同行说要趁出差的当儿，专程拐到他的城市来看他。王谦又是激动又是兴奋，赶快请了假，准备好好陪朋友玩玩。

王谦陪着朋友又是逛公园，又是进餐厅，忙得不亦乐乎。为了表示真诚，王谦坚决不让朋友住宾馆，而是让人家住进了自己的家里。晚上，两个人聊得不亦乐乎，也醉得一塌糊涂。

同行一直在王谦处呆了三天，走的那天，王谦把人家送到车站，还为人家买了车票，这才依依不舍地挥手告别。

同行走后，王谦马不停蹄，又开始研制新产品。但就在新产品正要面市时，公司却突然叫停。原来，市场上已经出现兄弟厂家的同类产品，性能和功效和他们公司研制的几乎一模一样！在人家已经占领了市场后，再投资生产，不但出力不讨好，还有涉嫌抄袭人家产品的嫌疑。

因为这项产品的研究和开发，公司遭受惨重损失。总结会上，老板冷着脸说，公司内部有内奸，并责令王谦停职反省。

王谦心里又恨又气，仔细想自己的研究过程，保密工作是很到位的，唯一的一次可能就是那同行来时的几天。他爱玩电脑，每天都玩到凌晨，而自己的资料都是在电脑里放着的……

王谦不得不承认，因为自己交友不慎，让一条毒蛇狠狠地咬了一口。

王谦这一跤摔得无比惨重，但让他从此明白了一个道理：不是所有被称做朋友的人都是真正的"朋友。他们有可能是藏在你身边的毒蛇。这一跤，总算让王谦明白，朋友不是随便交的。交友是看心的。

林子越大，越容易藏污纳垢，朋友越多，越容易鱼目混珠。所以，别为你众多的"朋友"而洋洋得意，也别让所谓的友情迷了眼。三国中的蒋干，因为太相信朋友而中了老同学的奸计。越是打着"朋友"幌子的人，你越应该加以提防，这样才不至于让毒蛇咬到自己。当这些打着"朋友"幌子的人，为了利益，让你们的友情靠边休息的时候，你也应该毫不留情地让这个人靠边休息。

谁没受过朋友的伤

说起朋友，几乎多是赞美的语言。但其实有时候，朋友不光是鲜花和美酒，还会是利刃和毒液。这些带毒的"朋友"，隐藏在你众多的朋友中间，在你毫无防备之时，把你割得遍体鳞伤。而这些来自"朋友"的伤害，几乎无人能避免。

小琪是我大学同学，毕业后我们一同来到这个城市，她凭着自己的努力很快做到科室主任，据听说有一位经理级别的男士正在对她狂追猛打。小琪春风得意，加上她又爱玩，于是每到星期天，她都会约上一帮小姐妹在家里聚会。但突然有一天，她把自己关了起来，并取消了所有聚会。这有点不正常，我于是打电话问她："咋舍得把自己给关禁闭了？这么多朋友都不理了？难不成是受了朋友的伤……"

小琪没听完我的话就"啪"地挂了电话，我更能确定，这小妞准保是受朋友的伤了。于是，便约了几个朋友，一起去看小琪。没想到几天没见，小琪眼窝深陷，脸色发青，像大病了一场。看到大家，小琪顿时像个怨妇，苦大仇深地倾诉起来。

原来，小琪读高中的时候，有一次星期天晚上出来玩，回校太晚，在一条小胡同内被人侮辱。遇到这样的大事，小琪除了哭，就不知道自己该干什么了。那时，和小琪同一个宿舍的同学叫李若纹。她不停地安慰她，并保证不会泄露她的秘密。从那时起，小琪把李若纹当成自己最知心的朋友。

几年下来，小琪走南闯北，逐渐忘了那段不堪的往事，还交上了男朋友，生活基本算得上一帆风顺。

不久，小琪的公司新进一批员工，其中竟然有小琪的高中同学李若纹。看到旧日同学，小琪当然高兴，对她也非常照顾。但最近，小琪却发现，同事们看她的眼神不太正常。他们似乎都在背着她悄悄议论什么。最让她惶惶不安的，是最亲密的男友最近也开始对自己冷淡，打电话不接，约会说没空，一切都让她非常不安。直到上星期，一个要好的同事悄悄告诉她，公司里的人都在传说她当年读高中时被污辱的那件事……小琪差点没晕过去，没想到捂了这么多年的秘密，就这么被泄漏了，并且是在自己人生的最紧要关头。

泄密者当然就是李若纹，让小琪万分伤心的是，自己并没有对不起李若纹呀，她何苦要害自己呢？

"你呀，这是小菜一碟。我比你惨上十倍呢！"一个叫萧萧的朋友搂着小琪，安慰她说。接着萧萧讲起自己的故事。三年前，她和老公一起经营着一家小批发部。又要进货又要送货还要看店，她和老公根本忙不过来。她便决定请自己的好朋友来帮忙。好友叫蒋良，是和她一起长大的姐妹。蒋良到了批发部，还真没说的，那股用心劲儿，就像在经营自己的商店。看到好朋友如此用心，萧萧也就放了心，有时自己独自去进货，把家里交给老公和蒋良。

没想到，还不到半年，有一次她进货回来，却看到老公和蒋良正滚在床上。看到她，蒋良一点都没紧张，不慌不忙地说："反正迟早你得知道，你看着办吧……"

萧萧气得都快发疯了，没想到自己在前方冲锋陷阵，后方却这样被"好友"给霸占了，萧萧恨不得拿刀狠狠剁了这对狗男女。一个是貌似亲姐妹的"朋友"，一个是相亲相爱的亲密老公，一左一右两把刀，把萧萧伤得支离破碎。萧萧离了婚，独自离开了那个家，那个倾尽自己心血的批发部。

萧萧坚强，咬着牙从不对别人说这些委屈，今天看到小琪受伤，才忍不住回忆一下自己的伤痕，希望小琪能坚强起来。

"这些可恶的'朋友'！"这一下貌似勾起了所有人的伤，一旁的小董也开始愤愤不平。小董说，自己刚大学毕业那会儿，和同学 A 一起应聘进入一家公司，试用期是一个月。一个月后，他们共同被录用，同学加上同事，他们的关系较别人亲密多了，并且也无话不说。

半年以后，公司决定从他们科室提一个经理助理上去，而小董和他同学是最好的人选。往上升，当然是大家都渴求的。但对手是多年好友，这让小董有点于心不安。A 倒很是体谅他，拍着他的肩膀说："哥们，你放心，我不跟你争。我知道你的家庭和现状，都比我更需要这职务。告诉你吧，我早已看好另一家公司，正准备跳槽呢！等你上去了，我再走，算是我送你的礼物吧！"还有比这更暖心的友情么？小董感动得简直要醉了。

因为把 A 看成了生死之交，工作上的事，客户上的事，小董几乎都没有背藏过 A。但让他十万个想不到的是，没多久，公司宣布经理助理竟然是 A。更让小董吐血的是，他这时才知道，A 早就提交了应聘计划书，里面新发展的许多客户，原来曾是他的客户，如今都被 A 策反了……这一跤摔得小董没有还手之力，虽然万分不甘，小董也只有收拾自己的行李，重新应聘一家公司，从零开始。

真是一个朋友，一桩血泪史呀。是呀，谁没有被"朋友"伤过呢？那些所谓的朋友，说着甜言蜜语，把自己装扮得跟花儿一样。但越是这样的人，你越得小心。带毒的蘑菇总是最美丽的，同样道理，说得最美丽的人，也许就是将来伤你最深的人呢。、

不过，从这些事例中应该清醒认识到，这些伤你的，并不真是你的"朋友"。他们只是藏在你身边的"狼友"，龇着牙，随时准备着将你狠狠咬上一口。

所以，选择朋友，别光看到人家的嘴巴上涂抹着鲜艳的口红，也别轻信他们花言巧语。话儿说得比蜜都甜，那只是骗你的伎俩。要顺着他们的眼睛看到他们的内心，才不至于被他们伤着。

没有无缘无故的给予

  一些不用付出就能收获的好处，似乎对人们永远有着无尽的诱惑。而人们对于意外之财或者免费所得，似乎也总怀抱着欣喜的得意。就如，当一个人正在路上走着，突然从天上掉下东西砸在头上，低头一看，哎呀，竟然是一沓钞票！挨砸的人心里恐怕是根本没有疼痛或者被砸的不悦，而是满心欣喜地庆幸自己的意外收获。再看市场上，每到节假日，那些商家搞的什么优惠或者免费赠送的活动，门前都会被围得人山人海。

  人们总是渴望着得到，这没有错。别人的赠予不但可以让你兴高彩烈，更让你得意的，恐怕还是那些随着这些"免费的午餐"而来的"被尊重"。但在接受这些的时候，你至少得让自己明白，天下没有免费的午餐，自然也不会凭空掉下馅饼来。若是把自己变成葛朗台，看到东西就挪不动步子，只进不出，那你可是在种苦荆棘，并且，种下的苦果要自己来品尝。假若有人爱占朋友的便宜，只让人家送自己，自己却一毛不拔，这就违反了游戏规则，是要挨板子的。

  一个星期天，接到大学同学康敏的邀请，说约了几个同学一起吃晚饭。来到约定的酒店，看到小康正和同学们侃得火爆。正到热闹时，一个叫安的同学忽然爆料："小栗进去了！你们知道不？我也是刚得到消息…"：

  "小栗进去了？！"大家险些跳起来，然后几乎不约而同地向小安发起炮轰：

今天不是愚人节！

也难怪，在大家的印象中，就是天下的人都进去，也貌似轮不到小栗呀。小栗是从农村来的，性格好，也肯吃苦，在同学们中间人缘不错。大学毕业后，听说他应聘于一家电子公司。常有同学传来他的消息，说他到了公司以后，埋头苦干，很得老板赏识，加薪升职一路顺风，没多久就升到了科主任。这不正春风得意吗，怎么会突然成为阶下囚？

安苦笑着说："谁都替他可惜，不过他也真是自找的！"原来小栗薪水微薄，又打算买房，为了节省一切开支，就和别人合租了一套房子。和他一起租房子的是他的一个同事，叫季虹。

季虹这家伙，似乎浑身都长着带着蜜糖的嘴巴，没几天，就把小栗拉拢得跟亲兄弟一样。张口栗哥，闭口主任的，叫得小栗晕头转向不辨东西。季虹不但嘴巴甜，出手也大方，说小栗肩负着买房、娶妻、生子、建设美好家园的"民生大计"，他当兄弟的得为大哥分担一些困难。所以每次和小栗出来吃饭，从来不让他从腰包里掏出一分钱，有时他出差或者回老家，还会给小栗带回价值不菲的土特产。

小栗得意洋洋，美滋滋地享受着丰美的免费午餐。他当然想不到人家季虹是带着包袱而来，一路上都为他刨好了无数的坑。人家季虹不缺哥，缺的是小栗科室里的研究成果。小栗的科室负责公司里新产品的投放和营销，是公司的咽喉部门。

出事是在小栗和季虹交友了一年后，公司总是发现有些机密被盗，于是暗中调查了好久，终于揪出了季虹这个内奸。

因为季虹，小栗也一下掉进了万丈深渊。季虹很干脆地说，其实那些机密都是从小栗这儿得到的……小栗这才知道，天下真没有免费的午餐，而自己享受的，是天价午餐。这价格高得不但让自己付出无限心血的工作成了烟灰，还让自己免费再住几年不用掏房租的房子，到监狱里继续和季虹去做难兄难弟。

"真是遇人不淑呀！"康敏叫道。

"屁！"安说道，"小粟那人我知道，他就爱占小便宜，人家送他点东西，他就乐颠颠的不知东南西北了。也不想想，人家凭什么给你？"

是呀，人家凭什么给你，要么是你有利用的价值，要么是你身上有人家想要的某些资源。眼睛只盯着人家的馈赠，不看看馈赠后面的绳索，不掉进圈套才怪。

别人送你东西，对你好，当然是好事，但你至少得明白，天上真不会掉下馅饼来。当某些意外之物砸在你头上时，你最好想清楚，自己有没有相应的东西回报，否则，就是面对一堆金山，你还是缩回手吧。

世上没有无缘无故的恨，当然也不可能有无缘无故的赠予。在古代，咱们老祖先就挺明白这个理的，你看人家是如何教导后人的：投我以木桃，报之以琼瑶。匪报也，永以为好也！你看，古人都知道这世上绝对没有白送东西给你的理。所以，才会在人家送来木桃后，赶快回报人家以琼瑶。送过了还特地说明，俺这可不是回报你的送桃之情，俺这是有来有往，希望咱们能长久好下去。

古往今来，人们在交友方面，就得礼尚往来，这既是利益互酬，也是情感交换。你事业有成，家有喜事，当然需要有人和你一同分享快乐。于是，才有了朋友。而朋友有了什么困难，你肯定会鼎力帮助，这样有来往，才是真正的友谊。这才是真正的交往，也是友谊的实质。

霍曼斯认为，在人际交往中，个人所付出的东西，不论是财物还是情感，这些玩意儿都叫做成本。收到这些成本的朋友，回报你相应的东西，就是你所得的报酬。虽然成本和报酬未必要成正比，但至少说明只有互酬才能有利润。而你一味收获，不付出丁点，这就让朋友的生意有得赔没得赚，哪个人心里痛快呢？长此下去，友情不出问题才怪。

人们说，一份耕耘一份收获，友情同样如此，无休止地让朋友单方地付出，傻瓜也不去当你的朋友。

有这样一个小故事。一个著名的企业家，临死的时候，交给儿子一个黄金雕刻的小箱子，对儿子说，这是他这么多年做生意的心得。也是传给儿子终身享用的生意法宝，希望儿子认真体会。老人死后，儿子打开箱子，只见里面是一张白纸，上面写着一句话：天下没有免费的午餐。

一句话道出人的生存实质，不管是生意场上，还是交谊场，人际关系就是这样赤裸裸的互酬状态。所以，当朋友们的赠予或者一些好处突然落在你面前时，你最好明白，这是人家在投资。先想想自己拿什么去回报，在享受的同时，也想一下人家的辛苦，回报一下，哪怕让他赔一些，只要有回报，人家心里都是会满意的，因为你的回报代表着对人家付出的尊重。

世上绝对没有白送的东西，所以当意外之物落在你面前，暂且先别忙着惊喜，最好先顺着这块美味的"蛋糕"，看看美味后面，你需要怎样的付出才能摆平，然后再来决定自己是否够资格享用它。

传统交友观念之谬

人们总是认为，友情中的极致，就是能达到患难之交、士为知己者死这种境界。而这些友谊市场上一直热销的"至理名言"，也常让一些傻瓜们奉为交友的理想。

中国人向来重情重义，我国自古就是礼仪之邦。人们爱交朋友，觉得朋友是路，有了朋友才有一切，人们也甘愿为朋友去付出，这些都没有错。但要真把什么患难之交，为知己死来作为交友的最高境界，那恐怕是脑子进水的极端表现了。

其实所谓的士为知己者死，根本就是一个千古奇冤的大骗局。话说春秋时一个投机小人叫豫让，想给范、中行氏做大臣，结果人家不喜欢他。豫让一气之下，就跳槽到智伯处。这一次豫让的马屁拍得很到家，很快得到了智伯的赏识，提升他为心腹之人。但豫让的好梦没做多久，韩、赵、魏三家就突然联手把智伯给消灭了。豫让自然也就如一只失去主人的丧家犬，落得到处流浪。到手的荣华富贵，转眼就没了，豫让怎么想都觉得不甘心。于是乎，一场知己报恩的故事就出现了。

豫让把自己打扮得破破烂烂的，潜进赵襄子的王宫要去刺杀他，可是赵襄子非常警觉，没几招就把豫让给抓住了。赵襄子不想滥杀无辜，就把豫让给放了。这豫让呢，却不识好歹，一而再，再而三地溜到赵襄的身边，想要把他杀掉。赵襄子非常不爽，说，你也曾在范、中行氏手当过差呀，为什么智伯杀了他们，你不替他们报仇，而我杀了智伯，你就念念不忘呢？豫让语出惊人，说，我虽然也曾在范、中行氏手下当差，但他们并未重用我呀。

看清楚了吧，原来所谓的士为知己者者死，不是因为国家大计，也不是为了黎民百姓，只是因为智伯重用了他。唉，这可真是虚荣心惹的祸。反过来说，人家赵襄子放几条生路给你，难道这不比重用更为"知己"？最后的结局当然更让人啼笑皆非了，为了达到自己沽名钓誉的目的，豫让说，我只是想完成我的义士之名，走到这一步不容易，你就成全了我吧。把你的王袍脱下来，让我刺几刀吧，这样也算是我为知己报仇了！

这就是所谓的士为知己者死，其实赵襄子才是豫让的知己呢，可惜那位糊涂虫脑子里灌满了浆，根本分不清了。

古代人信奉"士为知己者死"，多少是有些愚忠的成分在里面。作为一个现代人，再死抱着什么患难之交、士为知己者死这些老掉牙的交友法则，不但要落得贻笑大方，恐怕还会做出更让人啼笑皆非的事情呢。

总有人迷信那些友谊市场的至理名言，却不料，所有这些"名言"引起的后果和麻烦，一般都由迷信者自己埋单。

牛武，人如其名，长得五大三粗，在市体育局工作，专长是武术，曾在省市多项武术比赛中获得大奖。当然，人家除了长相，心肠也几乎是和身子一样五大三粗。结交的朋友三教九流都有，最信奉的一句话是为朋友两肋插刀。必要时，别说为朋友两肋插刀了，就是为朋友失掉性命，也是在所不惜。

一天，牛武有事去省城，回来的路上转车，刚走出车站，就被小偷光顾了，只留下手上拎着的包包件件。没有钱怎么回家？家里的妻子可是眼巴巴在等着自己呢！正急得心里起火，从旁边闪出一个人，连声直叫大哥。来人叫冯建军，和牛武一个市里的，因为经常在电视上看到牛武的武术表演，所以认得他。冯建军得知牛武被偷了，豪爽地说："没啥大不了的事，有兄弟在呢，绝不会让大哥走着回去！"那天，冯建军自掏腰包，雇了一辆出租车，和牛武一起回到市里，然后又打车送牛武回家。

就这番交情，牛武感动得直把冯建军视为"患难之交"。临别，牛武拉着冯建军的手直摇晃，说："哥们儿，以后凡有用得着的地方，尽管说，大哥一定为朋友两肋插刀。"

还别说，人家冯建军是聪明，知道资源不用白不用。有天去酒店，因为口角和人拌起嘴来，人家人多势众，冯建军吃了亏，被打黑了半边脸。想到自己有个武功高强的"大哥"，自己却吃这亏，真太窝囊。冯建军立马就给牛武打电话说，自己被人欺负了。

患难之交被人欺，就如自己被人欺！牛武想都没想，就赤膊上阵了。他那拳脚，一般人哪是他的对手？没几招就把那几个人打得趴在地上。有一个伤势太重，还没送到医院就咽了气。

这下祸闯大了，牛武直接被请进了公安局。而让他想不到的是，这时候他的"患难之交"，却为了逃避责任，竟然说自己根本就没叫牛武出面，去打人家，这事纯粹是牛武自己没事找事……

牛武的一腔热血换来的是妻离子散，家破人亡的代价。在监狱里，他悔得眼珠子都掉下来了，不停地大骂自己没脑子，是个大混球。

但世上没有后悔药，自己种下的苦果只能自己来品尝。

古人说："得一知己，死可无恨。"人一生中，能交几个知心朋友，在你危难时帮助你，在你失意时安慰你，那真是人生一大快事。但处在这个功利的社会，你别指望着有人能为你们的友情付出生命之类的代价，因为人人都有家，谁都会为自己和自己的家人考虑一下。当某人打着知己的幌子让你付出，而不顾你的身家性命和家人幸福时，你是否该动一下脑子，思考这里掺杂的水分？

所以，别把患难之交和士为知己者死这些当成至理名言。朋友不在多，在精，交情不在患难不患难，也不在为谁死。真正的朋友交的是心，是人品，只要对方人品正直，为人正派，你们的交情就足可继续发展。

当心朋友幌子下面的美丽陷阱

朋友越多，麻烦事就越多；朋友越多，陷阱也会越多。

这话说得有点玄乎，貌似也有点过分。别说是在咱们这个古老的礼仪之邦，就是在那些野蛮地带，"朋友"也都是出现在正面场合，是一个美丽的字眼。把世上最美丽的东西跟最让人恐怖的陷阱扯在一起，当然让人心里不爽快。

但现实就是如此。看每天的新闻，生活中无数的骗局和陷阱，差不多都跟"朋友"扯上了关系。大概就因为朋友最不设防，所以也就成了人家骗你没商量的渠道。

当今的人们，几乎每个人都有一个四通八达的交际圈，五湖四海皆"朋友"。朋友多得数不清，你敢保证里面没几个装成龙的蛇？再加上人家手捧鲜花，对你甜言蜜语，你能不美滋滋地享受"朋友"的温情？在甜言和花海中，你能不晕晕乎乎？而这时迷迷乎乎掉进陷阱，也在情理之中了。

人们都感动"朋友"的美，根本就没想到对"朋友"也应该设防。你不防，人家当然就大方地打着"朋友"的幌子，骗你没商量了。

越来越多的人开始诉说，自己被"朋友"欺骗了。被骗的人心里委屈，骂"朋友"们的不义，骂他们为自己的利益而出卖自己。得，先别骂，因为设套的朋友固然可恨，但掉进这些美丽的陷阱里，你至少也得担40%的责任。如果你有一双慧眼，能辨清"朋友"的嘴脸，那还能掉下这些铺满鲜花的陷阱么？

所以，当所谓的"朋友"又是鲜花又是美味蛋糕献给你的时候，你最好能睁大眼睛，审查一下自己有没有吃这份美味的福气。

我有个朋友，叫晴。晴最大的烦恼就是自己的皮肤不好，又粗糙又黑。平日里，晴最关心的就是各商场里最新上市的化妆品，一有新品就要买来，毫不厌烦地在自己那张不出众的脸上做着各种涂抹试验。虽然如此，晴的那张脸还是没能改善，仍然不改初衷地彰显着比她本人高出几岁的成熟，让晴又气又恨。

一天，晴的同事芰约她一起去喝茶。芰和晴在同一个科室，在晴的印象中，芰对她从来都是又热情又亲切，因而，晴也一直把芰当成她朋友。

一边喝茶，芰一边仔细看着晴的脸热情地说："晴今年多大了？有对象没？"一句话就让晴委屈起来。在公司里，晴虽然业绩好，薪水高，但依然是单身一个。就因为自己这张脸，每一次谈对象，只停留在初试，没能进入第二轮就被毙杀，自己也快荣幸升职为"斗战剩佛"了。每想起终身大事，晴心里就急得冒火。

似乎看透了晴的心思，芰笑着对晴说，其实你挺漂亮的，就是这个皮肤有些黑，把自己给拖累了。你的皮肤要是再好一点点，那你真是百分百的美人了！

说得轻巧，皮肤是天生的，哪能想美就美呀。晴没吱声，芰却很轻松地对她说，她昨天去参加同学会，才得知自己一个同学现在是搞美容的。芰说，她这同学对美白皮肤很有一套，凡进她美容院的，进去是猪八戒，出来是嫦娥的多了去了。如果晴愿意，芰担保让晴的皮肤不出两个月，就变得又细又白，貌压群芳，变成大美人。芰最后还说，因为是同学，她可以为晴说些好话，让同学给打七折。

这样的好事不去才是傻瓜，晴几乎没有多想就同意了芰的建议。

和芰一起来到芰朋友的美容室，芰果然没食言，死缠着老板，硬掐着让她给晴打了七折。但就是这七折后的价格，也一下让晴掏光了差不多两个月的薪水。虽然有点心疼，但想到很快就能漂亮起来，晴觉得还是蛮合算的。

还别说，没出一个月，晴的皮肤就明显细润起来。晴正暗暗得意，老板对她说，现在保养到了第二步，最为关键，要在美肤的产品中添兑一种进口料，不过得另外添加钱。才刚刚尝到美的滋味，晴欲罢不能，于是在老板的蛊惑下，把刚拿到手的薪水又投了进去。

　　一天，晴正要去美容室，一个大学的同学来看她。两人聊起话，同学大替晴喊冤。晴这才知道，和自己同样程序的美容项目，在别的美容馆里，只需掏三分之一的钱就能搞定。自己白白多掏了三分之二的钱，还把人家大恩人似地供着。而她这才知道，芰作为中间人，每介绍一个顾客，就可以拿到老板给的百分之四十的回扣。

　　晴的心里顿感苦涩，没想到自己这么聪明的一个人竟然如此轻易就落进了"美丽"的陷阱。什么七折优惠，原来只是自己给芰的优惠而已。想到自己辛苦挣到的钱就这样被芰骗进了腰包，但到了公司，还得装出笑脸来应付芰，晴心里别提多恶心了。

　　这当上得的确有点冤，但若自己多留一个心，多长一个心眼，思考一下自己跟人家也不过就是普通朋友，人家凭什么要挖空心思送给自己好处？要记得，天下没有免费的午餐，三思而后行，上当的机率当然就小得多了。

　　虽然陷阱美丽又无处不在，但细心一点，留心一些，就可以避免让自己掉进陷阱里。看看每天的新闻和网络上交替出现的骗局，很多的骗子就是利用"朋友"毫不设防的心理，来进行欺骗。

　　所以，当有些人打着"朋友"的幌子来靠近你时，你先得睁大双眼，看清你身上哪点地方值得人家利用和交友。有一点防范心，看清"朋友"带来的花环里，有没有危险的气息，才能保证自己不被诱惑，不致于掉进美丽的陷阱里。

有些朋友天生会表演，别当真

人类是全球动物中最具智慧的一种动物，这一点没错，人的智慧可以从许多方面得到体现。各种高科技的产品，现代文明的发展，都是人类智慧的结晶。但人们还有一个绝对聪明的智慧，那就是表演。

提起卓别林、周星驰、葛优等演员，人们都熟悉，并且会报以会心的微笑。他们在屏幕上嬉笑怒骂，甚至杀人越货，但人们并不介意，反而报以热烈的掌声。因为人们知道他们只是在表演，在用虚假的行为为大家带来欢乐。他们的表演只是在舞台上，而你只是剧外人，所以他们伤不到你。

但若是这些演员是你的"朋友"，他们硬生生把你拉进剧中，你的处境会是什么样呢？

这并不是没有可能，现在爱表演的人实在太多，而在你的朋友中有几个天才演员，似乎也不足为奇。这些天才演员围在你的身边，用他们出色的演技，假装很关心你，和你套着近乎，虚情假意地和你周旋。美妙而动听的话，亲热而温柔的动作，一切都让你感觉"友情"是那么温暖和美好。你深深地信任着他们，你看到他们甜美的笑。当然，在这个时候，你一般也能品尝他们送给你的藏在表演后面的果实——伤害。

是的，他们卖力地表演，只是为了伤害你。而因为相信"朋友"，被他们生拉硬拽地扯进剧情并受到伤害的人并不少。

好友曲慧，就是被"演员"朋友深深伤过的一个人，每提起那段往事，曲慧都心有余悸。

半年前，曲慧应聘到一家公司。进公司的第一天，一个叫静慧的女同事就非常亲热地搂着她的肩说："呀，这小妹漂亮得真让人喜欢。咱姐俩有缘，第一眼我就喜欢上你了。记得，有什么事情只管对姐姐说就行，姐姐肯定会百分百帮助你！"

这话亲得，当时就让曲慧心里美滋滋的，一下就把静慧当成姐姐来看了。

为了和静慧多呆在一起，曲慧还要求和静慧同一个宿舍。因为同在一室，曲慧几乎就包了室内的洗漱用品，还不时地送一些化妆品给静慧。曲慧喜欢逛街，每次回来都不忘了给静姐姐捎带上她喜欢吃的东西。每每，静慧也对曲慧真诚地说："世间的亲姐妹也不过如此，你看他们那些人，都把咱俩羡慕得要死呢！"曲慧呢，自然心里是美滋滋的，为了回报人家的友谊，什么知心话、私密话，也都悄悄吐给了静慧。因为两人过分亲密，同事们也戏称她们是没有血缘的亲姐妹。

一天，领了薪水，曲慧请静姐一起去吃晚餐。两人又是唱歌又是喝酒，疯到午夜才回宿舍，已经东倒西歪步子不稳了。两人相挽着回到宿舍，倒头就睡，第二天醒来，曲慧才发现自己的手机不见了。那手机是曲慧新买的，两千多元，双卡双待的。曲慧心疼得眼泪都出来了。静慧也替她着急，不住地骂自己，说都是因为自己，才让曲慧把手机搞丢了，说着就要出门去替她寻找。看到静慧如此自责，曲慧反而不好意思起来，反过来安慰静慧许久。

下午，曲慧上厕所，听到厕所里有两位女同事在低低交谈说："你知不知道，公司里好多人都说呢，静慧的房间里经常丢东西哎。"

"是呀，听静慧说呀，昨晚就是曲慧硬要拉着她去吃饭的，回来还说自己的手机丢了，真是贼喊捉贼呀！"

听着同事们的议论，曲慧心里别提有多不舒服了。房间里经常丢东西？房间里就自己和静慧两个人，那意思不分明是说自己偷了静慧的东西吗？而且，现在是自己的手机丢了，怎么反倒是自己在贼喊捉贼了？曲慧气得赶到宿舍，就把听到的对静慧说了。静慧也委屈万分，落着泪珠对曲慧说："妹妹，他们胡说，你可别往心里记。说不定是谁故意挑拨咱们关系呢……"说的也是，想着静慧平时和自己的亲热，打死曲慧也不相信那些话是静慧告诉人家的。

但真正让她恶心的是那事后不久，有一天她不舒服，工作没结束就回到宿舍，没想到还没进门，就听到静慧在房间里说："我还不是看她小姑娘家可怜，要不，我才不担待她呢！又好玩又爱吃零食，还手脚不干净……"

曲慧一下就愣在那儿，她顿时明白，所有的一切，其实都是静慧在搞鬼！想到自己被她骗得好苦，还曾经告诉过静慧那么多的私密话，曲慧的身上就像爬满了小虫子。

曲慧一面暗骂自己没有脑子，轻易地相信了人家的表演，一面收拾行李，当天就搬出了和静慧同住的宿舍。

曲慧说起这事，还总是忍不住恶心，说，没想到她会这样，人前一套，人后一套，嘴里一套，心里一套。我算是服了她的演技了！

有研究表明，人类虽然进化到高度文明，但在人性深处，仍具备着动物的野性，这种野性只会被文明所掩盖，而不会消失。一旦人们受到利益驱驶，或者想达到自己的某种目的时，这种野性就会显示出来，就会伤害到人。

动物善变，只是为了自保或者生存下去，而人类善变，却是为了迷惑别人、欺骗别人，来达到自己的目的。

有些人，张口亲爱的，闭口铁哥们，貌似和你无限亲密，其实他们内心深处，你们全不是他的朋友，他不过是一个聪明的演员，把你们玩于股掌之间，在他需要的时候，随时都有可能咬上一口。

朋友多了，难免鱼龙混杂，混进几个"演员"，也是常理之中的事。但要想不被他们的演技伤害，其实也很容易，老祖先都教过咱们了：害人之心不可有，防人之心不可无。任他有千条计策，万条谋略来骗你，亲爱的，你只需像姜太公一样，稳坐钓鱼台，不见兔子不撒鹰，虽然不敢保证你百战百胜，但至少可以减少百分之五十的损失。

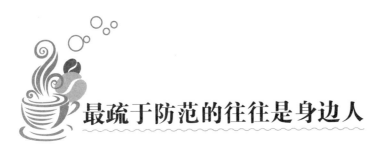

最疏于防范的往往是身边人

什么人对你威胁最大？什么人可能是你最大的敌人？什么人你最得提防？

答案恐怕会让你有点不相信，甚至是胆颤心惊：对你威胁最大，也是你最应该防范的人，就是你身边的人，也许正是你最亲爱的"朋友"！

这话够猛，也够吓人的，不过绝对不是危言耸听。人性的复杂，利益的冲击，让一切都变得可能，没听人家说，只有想不到，没有做不到吗？所以，在物欲横流的今天，某些"朋友"为了利益，做出出格的事或者耸人听闻的事，一点也都不稀奇。

别说你一个小老百姓，难于防范身边的人，就是古代的皇上，被"身边人"残害的，也并不在少数。据史书记载，在中国古代死于非命的皇帝中，被身边人戕害的达总人数的31%。也就是说，每三个皇帝中，就会有一个人被自己最亲近的人或者最信任的人杀掉。这些人是皇帝的父、母、叔、姑、奶、爷等等，总之是他们最亲近也是最信任的人。

够危言耸听的吧，但这就是现实。

皇帝被杀，不外乎是那些人垂涎他的权势。那些人每天围绕在他的身边，熟知他的各种习惯，恐怕他的软肋，人家也掌握得一清二楚。把他的一切都掌握在手心里，再想要杀他，想不成功都难。

　　小人是无处不在的，尤其是藏在你身边的小人。他们打着友谊的幌子，装作是你最亲近的人，跟你说着甜蜜的话，把你哄得云里雾里，让你对他们倍加信任，疏于防范，也就给他们造成了伤害你的机会。

　　人们说家贼难防，为什么难防？除了对"家贼"的信任，恐怕最重要的一个原因就是想不到。想不到危险肯定就不会设防，不设防就是把一座敞开大门的城池，毫不设防地展露在敌人面前。后果如何，似乎不用动脑子就能想像得出来。

　　我有一个叫张乔的朋友，正是因为他对身边的人毫不设防，而让他丢了多年经营的事业。每每想起这事，他都大骂自己，太相信身边人了，所以才栽了个大跟斗。

　　张乔是学棉纺专业的，毕业后来到南方一家服装公司，分在采购科，专管公司的面料采购，没多久就升到副科长。

　　在采购科，张乔遇到了一个叫辛源的学兄，早他两年来到这家公司。张乔是鉴别面料的专家，但辛源却是侃价的好手。每次出差，两人都一同前往，配合默契。凡他们俩共同出手的生意，总会得到老总的夸奖。二人的关系也因此而直线上升，成为形影不离的好朋友，同事们戏称他们是公司的"哼哈二将"。

　　冬季，公司接洽了一大批业务，同时为好几家公司定做制服，张乔和辛源被派出采购面料。临走之前，老板特地交待他们俩人说，这批业务，有好几家公司都是第一次打交道，所以质量是必须保证的，让他们进货的时候一定要小心。张乔对老总保证说："放心吧，我们一定不辜负公司的期望。"

　　两人一路向北，走访了十几家面料公司，很快定下了二分之一的面料。最后一家面料公司也已约定好第二天去看货，如果顺利，这次任务就圆满完成了。

　　但那天晚上，张乔突然患病了，躺在床上根本不能起来。张乔心里挂念着生意，第二天要硬撑着去看货，但还没走出宾馆，就栽倒在地上了。辛源把张乔扶起来，安置好，让他好好休息，并说要替张乔去看货。

　　让辛源替自己看货，张乔着实不放心，怕出问题。但辛源却拍着胸脯说："放心吧张弟。跟着你这么久，在面料上我也是有眼光的。再说，我做事也会有原则的，不合格的原料，绝对不会定合同的，你就放心养病吧！"

和辛源共事这么久，张乔也知道辛源办事是非常小心的，就叮嘱一番，让他一个去了。晚上，辛源回来告诉他，事情一切都办妥了，并且还带了些样料让他看。看到样料，张乔才多少放下心来。两天后，张乔的病好起来，二人才回到公司。

公司很快投入生产，大批服装被送到客户手里。但不到三个月，公司遭到好几家客户的起诉，让公司包赔损失。而出问题的服装，正是最后那批采购的面料，不但褪色，还缩水、变形。于是客户们起诉到法院，要他们公司包赔损失。

公司追责下来，张乔还没来得及辩解，辛源就赶快开脱说，自己当时只管谈价格，所有面料的质地都是张乔一手当家的，拒不承认最后一笔合同是自己代为张乔签定的。白纸黑字，签的又是张乔的名。公司念及他从前为公司做出的成绩，网开一面，扣罚了全年奖金，并降为一般职员，从头做起。

张乔从科长的位置上退了下来，而接替他的竟然是辛源。他这才明白，最后那笔合同，其实是辛源给他下的套。

善良的人们总是认为，那些身边人，他们对我们异常亲密，亲如手足，似乎怀疑这样的人，真有点狼心狗肺。却没料到，人家比咱们早狠多了。

近几年频频发生的亲杀仇杀的案件中，亲杀的比例在不断增加，也就充分说明，因为社会压力的增大，有些人苦闷无处发泄，身边人就成了他们最大的发泄不满的地方。尤其是职场、官场上，这些为了生存而勾心斗角的地方。也许就正应了一句话，你最亲近的人，才是你最大的敌人，这话一点也不假。

为了让自己生活得更好，谁都想拥有庞大的交友圈，多多享受资源。认为多交朋友，多发展亲密朋友，这些情感上的投资，会为自己赚得丰富的回报，却忽略了任何事情，在投资的时候，其实也把风险带了进来。当你享受你认为甜美的亲密资源时，恐怕你的头上就已悬着一把锋利的剑了。

一份真挚的友情，不是三两天就能建立起来的，这需要长时间的相互体贴和积累。那些凭着三言两语就成为你知己的人，虽然近在咫尺，心却说不定是离你最远的。

处在这个信息高度发达的时代，你不想泡在交际圈中，似乎也不可能。人脉可以帮你成功，但人脉也有让你想不到的弊端。著名的人际关系学家博思·思希提出的人脉中的"二律背反"，就很充分地说明这一问题。你有一个朋友，你就有可能会通过这一个朋友而再认识 25 个朋友；再通过这 25 人，你或许还能再认识到 150 人。你的关系网非常大，但你身边却永远只有这么几个重要的人。这些人才是你的真正朋友，或者是你的真正敌人。

人脉，是一个人生活在这个社会的立身之本。一个没有人脉的人，那根本是寸步难行的。要发展人脉，也要时刻提醒自己，注意人脉，提防离你最近的几个人，他们可以助你成功，也可以把你拉下深渊。

朋友凶猛，当心被咬

朋友是杯纯净的水，可以带给你轻松和愉悦。

朋友也是幅怡人的风景画，解除你的忧虑和疲惫。

但朋友有时也会是一条狼，一条蛇，让你的人生充满危险和灾难。

生活中，离不开朋友，朋友是多种多样的，有良友，也有挚友，当然也有损友，毒友。

朋友是杯暖心的茶，挚友是人生路上的航标石，损友可以给你制造一些小麻烦，让你领略一下生活的意外烦恼，虽然情趣但着实麻烦。而毒友则不敢恭维了，因为他们的毒，可以让你原来轻松宁静的生活变得一团糟，也可能把你正在启航的人生打个天翻地覆。

所以，有时候，你的命运很大程度上掌握在朋友手里，交什么样的朋友，你就会有什么样的生活，一个皇宫里生长的王子，大多不会和一个乞丐成为知己；而一个贫民窟里长大的野孩子，也肯定不会拥有风度翩翩的礼仪。和成功的人士相处，不知不觉你就会受到他们身上各种优良品质的影响；而和一个屠夫在一起，你们的话题和关注点，肯定就是市场上的肉价和猪市场的活跃。

一场动人心扉的演说，为什么能让你热泪盈眶？那是演说家有着超常的洞察力。他能轻而易举地掌握你的软肋，知道如何去打动你，影响你。而作为你的朋友，想掌握你的软肋，要比演说家更容易做到。所以，决定你前途和命运的，除了生活的环境，你身边的朋友，绝对是举足轻重的因素，这一点已经毋庸置疑。

曾经风靡歌坛的臧天朔，提起朋友，心里涌荡的，恐怕不会只是清风明月吧。他的新歌《都是朋友害了我》，足以说明他心中的悔恨和不甘。他的歌唱事业正是如日中天之时，但他却因为一帮"朋友"，走上了另一条路，生生断送了大好前程，让他从舞台上唱进监狱。难怪"近朱者赤，近墨者黑"这句话从古说到今，还是那么流行。

曾有这样一个小故事。一个富有的商人在和朋友们聚会，突然想做一个小游戏，他让朋友们分别写出他们最亲近的一些朋友的家庭财产、社会地位等情况。朋友们很快写了出来，商人拿着这些资料和朋友们对比，惊奇地发现，朋友们这些亲近的朋友，和他们的情况大都非常相似，不管是财产还是地位。

这就足能明说，因为相似才成为朋友，而因为成为朋友才相似。

有天在网络上看到这样一个新闻：在一个交友论坛上，几个小学生一起商量去自杀。当人们得到消息，赶到事发现场，却已经是回天无力。悲剧让人叹息，但这些孩子如果经常玩的是一个阳光型的论坛，接触的是一些积极向上的朋友，那大概就不会发生这样的悲剧。可见，朋友的影响真是超出人们的想象。

朋友如此凶猛，真让人不寒而栗。但更让人害怕的是，许多人并不知道自己身边的"朋友"如此凶猛。这些凶猛的"朋友"，他们装出温良的样子，迷惑着你的眼睛，直到被他们凶狠地撕咬到遍体鳞伤，方才感觉到他们的凶猛。

季军，就是被这样的凶猛朋友咬到并致残的。季军是我大学同学，毕业后我们各奔东西，他去了南方一个城市。有天参加同学会，大家说起他，才知道他被毒友给咬了。

原来，季军到了那个城市以后，应聘到一家公司做出纳。初到此地，季军觉得自己人生地不熟，应该多结交些朋友，自己在这个城市也好生活下去。在这些朋友中，有一个叫金良的人。

季军的家庭并不是多富有，每月的薪水除了寄回老家一部分，自己所剩无几。

所以每次和同事们出去，都让他感觉羞愧。金良豪爽地拍着他的肩说："咱哥们儿，谁跟谁呀！再说客气话，那就是不把我当哥们儿！"

这话着实让季军从心眼里感动，并很快把金良当成自己的知己。

金良除了本职工作，平时兼做生意。做什么生意，他从没告诉过季军，但反正感觉是挺来钱的。这一点很是让季军羡慕，凭什么都是人，人家就能那么轻松地挣钱，自己却只能干守着那点薪水？

一天，金良突然很知心地对季军说："现在的人，光凭那点薪水，想发家致富，门都没有。你不如跟着我做生意吧！肯定能让你发家。"钱谁不想要？何况还是这么一位"知交良友"，季军没多想就跟着金良出发了。

到了地方，季军才知道，金良所说的"生意"就是赌博呀。他不想做，虽然没亲身体验，但总还是知道吸毒、赌博最不能沾。金良说，你不想做行呀，看看又没事。

看看当然没事。问题是季军不是圣人，也不是木头人，三看两看的，心思就动起来了。每次陪着金良去做"生意"，人家金良就没输过。看着大把大把的钞票落进金良的口袋中，季军想不受污染都不可能。

终于，没过多久，季军就半推半就地下了水。初战阶段，季军手气倒也不错，零星赚一些。但没过多久，把刚拿到的薪水扔了进去不说，还在赌场欠下一个可以埋下人的大坑。季军急得心脏都要蹦出来了，但金良一点也不慌，对他说："想翻本，就得继续玩，否则，你扔进去的，可就永远回不来了！"

不想翻本才怪，但双手空空，拿什么翻本？金良嘿嘿一笑说："你这小脑袋就是笨得可以，你守着大堆的钞票，借用一下有什么不可？到时赢回来了，再补上，神不知鬼不觉的，怕什么！"

季军也是输急了，想背水一战，竟然听着金良的话，真的从公司账上划了五万元，晚上和金良一起去翻本。很不幸，那一晚彻底栽了。他们刚到场子里没多久，就被公安来了个一锅端。

迎接季军的，是失去工作并同时入狱五年。这一下，季军几乎失去了他人生一切美好的东西，和他一起进去的只有金良这个难兄难弟。据说，在判刑的那一刻，季军在法庭上就要扑向金良，要杀了他。

同学们一阵唏嘘。季军虽然可惜，但若是他能看清金良是个毒友，不上他的贼船，那又怎能把自己的一生搭进去呢？

生活是自己的，朋友也是自己选择的，所以别等到受伤了，才去说自己没长眼睛，把毒蛇引到了身边。因为谁也没有阻止你交什么样的朋友，而交什么样的朋友，全在你自己的一念之间。

所以，你要想有什么样的人生，就明确去选择什么样的朋友。此时多一分小心和睿智，将来就多一份长久的安全和快乐。

第 **3** 章

七类毒朋友，你需要随时清理

由于交友不当，从而形成人际泡沫。这些泡沫朋友中有一种是我们最难以察觉的，因为他们往往是我们相交多年的密友，但他们却给我们带来无穷的烦扰，甚至严重影响到生活。心理学家把这种朋友，称为"毒朋友"——即那些用语言或行为给你带来困扰、让你精疲力竭、灰心丧气，最终让生活一团糟的朋友。

越来越多的人开始意识到自己不快乐的根源正是来自于自己消极的友谊，而专门的研究数据也表明90%的人都存在毒朋友。心理学家总结出了7类毒朋友，为了保持朋友圈的良性发展，就必须经常随时清理这七种毒朋友。

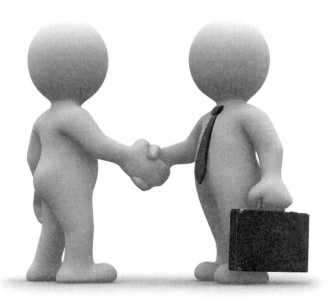

十年密友也可能有毒

人生最幸福的事，莫过于工作之余，闲暇之时，约上几个知己好友，聊聊天，侃侃世界杯，谈谈人生变幻，是人生蛮不错的风景。是呀，你快乐的时候，有他们陪你一起唱；想醉了有人陪醉，想玩的时候有人陪着天南地北到处疯……似乎不管从哪方面说，这都是只赚不赔的买卖。

但这似乎只是外面的风光，那些被多年密友围绕在身边的人，从"密友"身上得到的酸甜苦辣，也只有他个人能体味明白。有些人虽然有着多年"亲密朋友"，但这些"朋友"，却未必跟他真是贴心粘胆的，说不定这些闪着亮光的"密友"，只不过是一粒闪着金光的沙砾呢。

虽然他们貌似和你亲密无间，并且和你有着多年的交情，但实际上，他们却未必就是你的"朋友"，说不定他们正是出卖你的人。当他们一旦得知你的秘密，便立马转手倒卖。当别人嘲笑的目光把你包围起来，让你落在四面楚歌的境地，你才会恍然大悟，原来自己最亲密的"朋友"，竟然浑身带毒！

被"亲密朋友"搞到如此难堪境地的人并不少，静算是比较出色的一个。

静是一家公司的出纳，工作轻松，薪水不低，再加上一个同样拿着高薪的经理老公，生活不管从哪方面说，都是让人羡慕一族。静有一个从高中就相好到现在的闺密岚，每天下班，忙完不多的家务，静最喜欢的就是和岚煲电话粥。家庭琐事，公司八卦，有什么说什么，不背不藏的，别提多贴心了。

有天，静刚一下班就飞快地拿起电话，迫不及待地给岚打了过去。静心里美滋滋的，悄悄告诉好友，自己的顶头上司，公司里最帅的男人今天又给自己送花来着！静的老公常年离家，静一个人在家，心里寂寞得很。寂寞了，心中就难免有点小花花肠子，刚好撞上帅哥送花，静能不动心么。但静是个心里藏不住事的人，她一边享受着帅哥甜蜜蜜的暧昧，一边就把秘密泄露给好友了。

静绝对没有炫耀的意思，她只是觉得自己太幸福了，想让好友分享一下。

但静真没想到，这一下捅到了岚的疼处。因为岚是很平常的一个女人，老公没有静的老公挣钱多，自己没有静漂亮，也不如静的工作好。更可气的是，自己没有静的艳遇，竟然有高级别的帅男追求。

你想，机密的事情到了这样一个怀着嫉妒心肠的女人脑子里，后果会如何？

"姐们，现在这世道，男女花心点都不是罪。你就好好享受爱情吧，我会替宝贝保密的……"电话那边，岚简直就是静的军师，不但分享了她的快乐，还给她出主意，让她小心些。艳遇虽然很美，但如果嚷得让地球人都知道的话，那静恐怕就没有好日子过了。

"是，是。"静连连点头，觉得还是岚体贴自己。

没过几天，静的老公突然从公司回来。一到家就查她的手机，还不停地问静最近都跟谁联系了，都上哪儿活动了？这让静火冒三丈，却又心底发慌。老公这样子，明摆着有准确证据似的，只是谁在背后捅刀子呢……

幸好静听从岚的劝告，早把暧昧的痕迹删除了。老公白忙活一番，没查出什么，却给了静一个冷冰冰的脊梁。静感觉委屈，抓起电话就把委屈诉说给了岚。

老公走后，静仔细想想，觉得还是自己不对，毕竟和老公也是好几年的夫妻情谊了。所以，静决定好好跟帅男谈谈，把这段情事来个了断。于是，约了帅男到咖啡厅见。去之前，静心里是多少有些不忍的，就忍不住给岚打了一通电话，吐了一阵子郁闷。

静没想到，她跟帅男刚坐到咖啡厅，老公就出现了。老公这次远没有上次客气，一耳光就砸在静的脸上，接着是杯盘四溅，吵骂迭起。因为那场打闹，公司里流言四起，帅男因此而辞职，远走他乡，静也成为众人眼中的风流少妇。

静再也不敢给岚打电话，想到从前自己任何私密的话都说给了岚，静就感觉不寒而栗。

但岚呢，倒是淡定得很，照旧是给她打电话，安慰她，给她说好听的话，就好像她们中间根本没发生过什么事情一样，清白的神态就好像她从来都跟那些流言不沾边似的。

静很郁闷，她实在不明白，这个多年的闺蜜，为什么也会向自己挥刀子？自己可是从来都把她当成亲姐妹的！

谁摊上这种事情，心里都会不爽。甚至不知该如何继续和这样的"密友"交往下去。于是，就用别人的错来处罚自己，心中常聚着无名火气看什么都不顺眼，丁点的小事就乱发脾气。非但于事无补，反而把自己多年温柔娴淑的形象毁个精光。昔日的平静荡然无存，生活也乱糟糟的像团牛毛，就剩下一颗想撞墙的心了。

当你又漂亮，又幸福，日子过得像抹了蜜般滋润时，没人嫉妒鬼才信。人家和你一样打拼，却偏偏就没有你的命好，什么都不如你，那心理能平衡？何况你把秘密送到人家手上，人家能不赶快借机生事，来平衡一下已经倾斜的心理？

遇到这样的"朋友"，就得明白准确地告诉自己，远离"亲密毒友"！因为他们不是你的朋友，只是一些蓄意把你生活搞糟的人。

真正的朋友，是不会嫉妒你的，他们以你的快乐为快乐，以你的幸福为幸福。至少，他们不会做出因为嫉妒，而处心积虑地要把你打倒并且再踩上一脚的事。

在乡间，有些农户家里爱种着大片的荚竹桃，这种植物容易成活，开着鲜艳的花，很是让人们赏心悦目。但后来，人们发现这种美丽的植物，其实是有剧毒的。于是，在很短的时间内，很快被人连根拔起。再美的东西一旦危害到生命，人们第一个选择就是舍弃。

所以，别在乎你们交往的时间有多长，时间不是品行的鉴定器。人品不好的朋友，交往的时间越长，你受的伤害就会越大。别迷信你们是多年老友，就不加提防，直到人家把你的生活搞得一团糟时，才想到去清除身边的"毒瘤"。

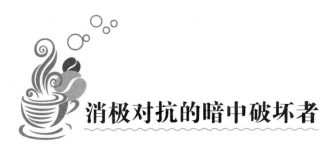

消极对抗的暗中破坏者

拥有众多的朋友，你的生活应该是很愉快的，但你却突然发现，自己并快乐。自己的状态越来越不好，甚至怕见人，感觉周围处处是危机……一切都让你一筹莫展，却从没想到，这些不正常，根源全在于你的某些"朋友"。

越来越多的人认识到，人生在世不可能孤立。人们需要朋友，生活也会因朋友而多姿多彩，充满乐趣。但任何事物都有它的反面作用，朋友可以给你带来欢乐，同样也会给你带来无数的麻烦和焦虑。因为你的朋友并不纯净，里面混杂了"毒"汁液。

这些毒朋友，离你足够近，足够了解，却足够不体贴。他们把自己的心思和意愿强加到你的头上，不知不觉给你造成伤害。这种伤害让你苦不堪言，却无法摆脱，因为他们打着"关心"的名义。

凡看过《红楼梦》的人都不会忘了这样的情节，贾宝玉身边总围着无数"关心"他的人。这些人每天为贾家大少的衣食住行，琐杂烦事，几乎都操碎了心，唯恐差错了一点。但明眼人谁看不出，他们这样的拼命忙碌，人家贾家大少根本就不稀罕。反而正因为他们的这些关心和爱护，让他失去了更多的自由和舒展的机会，把贾宝玉搞得苦不堪言，像个笼中的小鸟。

真是关爱的悲剧。

咱们身边的朋友，未必也都是纯净水，如贾奴之列的人物，更是大有人在。他们像蘸饱了侵蚀剂的爬虫，游走在身上，渗透到你的生活中，利用关心的名义，把你的生活搞得面目全非。

我经常接到朋友们诉苦的电话，说生活中的某些"朋友"，老是让他们难堪，让他们不舒服，却让他们束手无策。

"我都不知是不是我出毛病了，好好的事，一遇到他，我就感觉不自在、心慌。唉，真是郁闷……"申青向我诉苦说。申青的这位哥们叫林飞。要说林飞和申青的关系，那可真是铁杆哥们了。两人是穿着开裆裤一起长大的，情况非比寻常。

读高中的时候，两人还学着电影里义结金兰，拜成了把兄弟。申青小了那么几个月，自然就是弟了。这么多年来，似乎林飞总是在照顾着申青，但申青却越来越觉得，林飞的照顾让自己都喘不过气来了。

去年，别人给申青介绍了一个对象。相亲那天，林飞不请自到，说是要和申青一起去，帮他参谋一下。正好，申青也觉得自己有些紧张，就和林飞一起去了。

见面是挺愉快的，对方是个挺温柔的小女人。申青满心高兴，正和美女聊得高兴，林飞突然在一旁说："哥们儿，看你情况良好，我就告退了！瞧你这个胆，相亲都得带保镖，以后胆大点，别放个屁都怕被人听到！噢，对了，来的时候，你妈让我交待你，眼要明，谈不成就别乱花钱，知道你没心计，啥事都得交待你……"几句话羞得申青赶快低下头满地找地缝钻。面对美女抛过来的诧异目光，申青只好连连解释说，自己这位哥们爱开玩笑，别介意，别介意……

没多久，申青就结婚了。回门那天，作为申青最好的朋友，林飞当然又是陪同前往。岳父备了一桌丰盛的菜肴招待他们，大家边吃饭边聊天，林飞一边往申青的碗里挟了些菜，一边哈哈笑着说："今天你可得多吃点，你啥都好，就是太傻。"说到这，林飞又转向一桌子的人说："你们不知道，有一次申青来你们家，回去没走进家门就嚷着饿坏了，原来，他到了你们家怯生，不敢吃饭……"申青的岳丈刚才还在说申青有些小庙神，要他以后大方些呢，这真是哪壶不开提哪壶，一下让申青又尴尬又难堪，如坐针毡。一桌子的人哄堂大笑起来，申青羞愤难当，却无话可说。

诸如此类，让申青感觉不好意思的事太多太多了，搞得申青现在真怕了林飞。出门办事，他第一个念头就是：林飞去不？他要去我就省了吧……但林飞就是不依，他说："就你那怂样，我还不知道呀？你要胆没胆，要能没能，我要不跟着你，我能放心得下么？"

哪里有压迫，哪里就有反抗，申青看来是真急了，顿时冲林飞吼道："我就是要怂，你管得着么！"

两个"好朋友"就此闹开，半个月谁也不搭理谁。

申青觉得委屈，他不明白，林飞怎么就好像专门跟自己过不去似的，他主要的任务似乎就是让自己出洋相，让自己在人前抬不起头来。他真怕了林飞，只要一想起林飞，他心里就开始敲小鼓，感觉非常压抑。

因为朋友而活到这份上，的确是够窝囊，但申青的悲剧，却多少有点自己纵容的结果。再亲近的朋友，彼此心中都应该有一个不可触碰的底线，这就是尊重。一个对你没有尊重心的人，有可能会成为好朋友么？

现实生活中，每个人都面临着各种各样的压力，当这些压力无处发泄时，就会在人的脑海里形成一股恶性情绪。为了释放这些对自己健康不利的情绪，潜意识里就会寻找一些对自己没有危险的方式，来消极地发泄。

他们通过各种方式缓解了压力，却苦了这些作为出气筒的朋友们。这类人，就是朋友中潜藏的消极对抗者。

这些消极对抗的朋友，其实是生活中的"毒瘤"，每个人的友谊树上都有可能生长。所以，聪明的人要学会定期检查自己的"朋友"，一旦发现毒瘤的苗子，就赶快自行手术，隔离或者消毒，免得将来毒瘤变大，给你带来更多的伤害和麻烦。

喋喋不休的谈话者

在集会或者一场演讲比赛中，那些口若悬河，滔滔不绝的人，总是人们关注的目标。但若换一个场合，未必就能让人喜欢。

生活不是演讲，作为一个平常人，咱们貌似不需要一个指手划脚，唾液横飞的人吧。试想，当你和几个亲近的朋友聚会，你们想要一个温和的，大家款款而谈的轻松环境。却突然有那么一个人，抢了所有人的镜头，像指挥虾兵蟹将一样喋喋不休，指手划脚。聚会中出现这种谈话暴力，还能让人轻松？鬼才信！

有人曾做过一次心理调查，揭示在每一个人的内心中，其实都纠结着一种英雄情绪。每一个人内心深处都渴望自己是成功者，想成为别人仰视的目标。但当愿望无法实现时，这种理想可能就会转成另一种形式发泄出来。典型的做法就是把自己的意愿硬加到别人头上，让身边的朋友成了自己不满的替罪羊。

这类人不考虑场合和时间，总想着用一些出格的表现来赚取别人的眼球，到处喧宾夺主，处处表现自己。这些人总是自以为是地认为，自己是无所不能、至高无上的。无限夸大了自己在朋友中的领导地位和本人的才能。他们自以为是地扫荡着朋友们的生活，活在别人不悦的目光里还暗自得意，根本就不想承认自己的刚愎自用，已经把朋友们的生活搞得凌乱，早已让朋友们心里暗暗埋怨：咋就这么倒霉，摊上这样的朋友！

这种人不知天高地厚，把自己扮成一个串场的小丑，到处搅局。只要他们在场的聚会和沙龙，人们的感觉就如一桌丰盛大餐上，落满了绿头大苍蝇，那情景，真让人从脚心郁闷到头顶。

许多人被这样的朋友文明地干扰着，苦不堪言。

佳欣就是被这样的"朋友"折磨到几乎奄奄一息。说起自己的这位朋友，佳欣就忍不住连连摇头："真没得说。我真是担心她下辈子会生成哑巴，那么多的话，都在今生说完了呀……"

佳欣的这位朋友叫陆遥，是她的同事。刚到公司，初识陆遥的时候，她只感觉到陆遥的热情，哪怕针尖大的事情，陆遥都会不厌其烦地给她讲清楚。认识不到一星期，陆遥几乎就把公司里所有的事都给佳欣讲了底翻天。这让佳欣心存感激，心里暗暗庆幸自己得到了一个如此热心的朋友。

但渐渐的，佳欣感觉到了累。让佳欣郁闷的是陆遥的嘴巴。佳欣爱逛街，每每到了星期天，就要约上一帮相好的小姐妹，一起去商场转。作为朋友，佳欣当然不能落下陆遥。但让人尴尬的是，一路上，陆遥的嘴巴就像永不停熄的机关枪一样，不停地扫射。告诉大家哪家市场衣服质量不好；说哪家市场老板不讲人情；又说哪些商家她熟悉，让大家跟着她保准没错……刚开始几回，大家还能接受，但几次之后，有些朋友就直接抱怨佳欣了："瞧你那个破朋友，简直像演讲似的，貌似我们都是哑巴就她一个人会说！下次上街，有她别再找我们！"

最让佳欣难堪的还在后面。一天，男友好不容易歇个班，打电话给佳欣一起去看电影。偏巧陆遥也在。男友不好拒绝，也就带上了她。没想到，从一进场到电影开始，陆遥的嘴巴就没停过。她不停地评论每一个演员，每一个场景，滔滔不绝，貌似她是解说加导演。佳欣的脸色愈来愈难看，因为她已经清楚地感觉到来自周围观众愤怒和蔑视的眼光。终于，没等到电影结束，佳欣就逃出了电影院。而一路上，男友都冷着脸一言不发。

"我真的无计可施了，我简直是受酷刑。我不想和她再说话，但她的话总是不停。

我真受不了，我打算换个工作，但说实话，目前这个工作非常适合我，我一直在犹豫……"

让一个"朋友"把自己搞到要辞职走人的地步，这朋友交得是不是有点惨？

佳欣脸苦得像根苦瓜，摊上这样的朋友，真是不幸。这种另类的折磨，天长日久地影响着你，难说你能不被同化，不向精神病进军。

不想当将军的士兵不是好士兵，不爱抢镜头的演员不是好演员。人家有这表演天分，适当表演一下，展现一下自己超人的风采，无可厚非。但要过了头，把所有的场所都当成自己的表演基地，那你就得小心了。这样的朋友，不是朋友，而是在身边随时会引爆你的定时炸弹。

一般，通常这种表现欲极强的人，是有心理诱因的。他们要么是自卑，要么是焦虑，或者是生活中有着种种不如意。在国外，有许多独特的发泄节日，在节日里，大家可以尽情发泄，来宣泄积累的压力和不满。这样的做法就是让大家减压，恢复更好的心态。

在许多大城市，也有人自发地组织起这样的活动，来帮助大家。但其实除了这些宣泄方式，还有许多同样可以释放压力的办法。去旅游、去唱歌，和大家共醉一场。但有些人，却不想通过这样的渠道去解决自身的问题，而是把所有的压力都倾倒在朋友身上，朋友成了他们不如意的替罪羊。

对于这些滔滔不绝的朋友，你大可不必如临大敌，如果你有足够的耐心和心情来听他演讲的话，陪听也算尽了朋友之谊。但如果这种行为严重影响到你的正常生活时，你就有必要正面还击一下了。告诉他，他应该去的是心理诊所。然后直接疏远，让他远离自己的生活圈。

记得，咱们没有培养"演讲者"的责任，自然也没有义务享受如此"毒朋友"带给咱们的折磨。

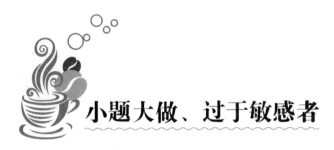

小题大做、过于敏感者

凡看过《列子·天瑞》的人，都会对杞人忧天有印象。自以为是的杞人，总是莫名地担心天会塌下来，地会陷进去。整天把自己搞得忧心忡忡，也搅得周围的人不得安宁，真让人哭笑不得。

这样的人并不在少数，他们心理极不健全，总感觉身边处处都是危险。这类人，心理超常地脆弱，总感觉到处都是陷阱，到处都布满危险，而他们却是最大的受害者。他们觉得一切东西都正在离自己远去，不知不觉就把自己搞得跟个丧家犬似的，惶惶不可终日。

按说，让自己保持一点居安思危的思想，在花花世界里看到一点未知的危险，能让自己提高警觉，保持一颗警惕心，绝对是防患于未然的聪明做法。但警惕过了度，把一切都看成危险的，整天神经兮兮这也怕，那也担心，这生活还有味道吗？

当然，这类人如果只是自己整天忧心，不妨碍别人的话，倒也没事。人家爱咋咋地，你管得着吗？但让人郁闷的是，他们是你的朋友。

这样的朋友，不但打理不好自己的生活，还任由这种恐惧的心理，像一条条长满爪子的爬虫，绕缠在他周围的每一个朋友的身上。他们打着朋友的名义，把你生拉硬拽地拖进他们的烦乱无章的生活当中，也让你跟着他们一起惶惶不安，这种状况下，你想不郁闷都不行的。

阿成，就是被朋友活生生地强按着进了这种尴尬的境地。

"真的，我快要崩溃了，我一看到王宇，就莫名地紧张。我不想见到他，想到他可能会马上来找我，我就真想赶快找个地方躲起来……"

电话里，听得出阿成的焦虑。我对他说，过来聊会天吧，我这里有香槟，可以放松一下。不到十分钟，阿成就到了我的房间。

倒上一杯香槟，阿成没喝完就开始叫苦："我真怀疑他患了神经病了，昨天我只是劝他去心理科瞧瞧大夫，他就立马跑到我妈那儿。我的天，我妈一早就打电话过来，狠狠把我说了一顿，说我才上去几天，就开始冷落朋友了……你说这哪跟哪呀！"

一大堆的抱怨，听得我头晕，又一杯香槟落肚，阿成才算平静下来，告诉我，他这朋友叫王宇，是多年的交情了。王宇有点胆小，也内向，一般情况下，总是阿成罩着他。结婚以后，大家各忙各的生活，阿成就和他联系得少了一些。没想到这下王宇不高兴了，总是有事没事给他打电话，说的都是一些没用的事情，甚至他跟女朋友有点小别扭，也要骚扰阿成一番。

那天，阿成正在办公室呢，王宇的电话就来了。他在电话里哭哭啼啼地说，自己活不成了，想去自杀。原来，王宇怀疑女朋友另有所爱，因为他给女朋友打了好几次电话，女朋友都没接。等不及，他就去找女朋友，但却看到女朋友正和一个男青年双双走在大街上……"我可是在她身上花了无数心血呀！但她却又找了别的男人，她这样没良心，我活着还有什么意思！这世上，真没啥让我留恋的了……"

看在多年交情的份上，阿成赶快放下手头的工作，飞快地去到王宇家里。劝慰好半天，王宇的情绪才算平静下来。阿成不放心，又去找王宇的女朋友。一听说是王宇给阿成打电话了，王宇的女朋友当即就气白了脸，当着阿成的面大骂王宇是神经病，自己哪有不理他，就是这两天工作忙，没顾得去看他而已。

阿成哭笑不得地回到家里，还没坐稳，王宇的电话就来了。阿成就劝他说，没事去看看心理医生吧，别把自己搞得神经兮兮的。因为太累，没多说就挂了电话，没想到王宇会连夜赶到自己母亲那里，都不知说了些什么。母亲一早就打电话过来，责备自己说，怎么刚当上几天小官，就把老朋友忘了？让阿成别做当了官就不认得朋友的小人……

阿成耐着性子听完母亲的责备，还没喘口气呢，那位的电话就又到了。自然又是诉苦，说自己可能要被解雇了，下午公司开会，老总都没理自己。阿成哭笑不得，堵住王宇的话说："你以为你是老总的爹呀？他见了你得点头哈腰请个安？全公司那么多的人，你老总有空一个一个打招呼么？"

阿成苦笑着，摇着头，说自己真是上辈子欠了他了，躲都躲不掉。

听阿成说的，我都替他累。人家交朋友，图的是大家分享快乐，共同承担一些困难，这位倒好，整个把阿成看成他的避难所了。不但所有的不快乐都倾倒到这儿，还挺能制造那些莫名其妙的混乱。天下人要都交上这类朋友，你就啥也别做了，就做朋友的专职"安慰哥"吧。

人人都有一份天，人人都有一份自己的生活，朋友是生活中的点缀，若是点缀不成，反而带来闹心，这朋友不要也罢。

这类朋友，往小里说，是小题大做，没事找事；往大里说，那就是神经不健康，心理有问题。他们没有安全感，失去了主心骨，像一只无头苍蝇一样到处乱撞，这绝不是朋友的错。

心理诊所是他们该去的地方，没必要无缘由地承担他们这些沉闷和不愉快。要明白，大家并不相欠。

翻开报纸，打开电视，车祸、战争、自然灾害、恐怖事件、飞机失事、急性传染病……这些无处在不的灾难，似乎每一天都在逼近着人们，给自己点危险意识，当然是好事。但要把生活中的一切都看成是灾难前的预兆，那就不能仅仅解释成心态问题了，最好的去处就是心理诊所了。

现在的人们承担着比上一代人更多的压力，学业，家庭，事业，生存，哪一样都能压得人喘不过气来。自身就累得不行，再拖上一个这样的友情包袱，生活能好才怪。

所以，友情归友情，善心归善心，不能承载的时候就记得让自己丢开手，别以为自己是开慈善公司的，可以解天下人之所忧。也别觉得这就是狠心，因为想要他们好起来，至少你自己得先好起来吧。

唱反调、好打击者

谁都渴望事业上的成功，实现人生的辉煌。但人们总是面对着丰满的理想，骨感的现实而嗟叹，因为成功的机会实在是太少。

不过，兔子也有行三天好运的时候呢。这不，上帝终于向你抛送媚眼，给你砸下来一个香喷喷的馅饼儿：一个可以改变你，或者转变你人生机遇的机会摆在你面前。借助这个机会，你的事业会向前有一大发展；或者，因为这个机遇，你的人生从此步上金光大道……你得意洋洋，一边感激上帝一边准备扬帆奋进，庆幸自己马上要实现的理想。

但就在这时，就如伊甸园突然窜出来的一条蛇，你的一个"朋友"跳出来了。你的朋友很睿智，长篇大论地给你摆现实，讲道理。人家的目的很明显，那就是想让你明白，你的脑子进水了，作为朋友，人家必须得帮助你。一桶冷水兜头浇下，在朋友的谆谆提醒下，你总算清醒过来，明白自己脑子进水了，所以才有如此不切实际的幻想。什么机遇和计划，根本就是破梦一堆嘛！

看在多年朋友的份上，看在人家摆出的有条有理的反对理由上，你还真就犹豫起来，对自己的行为也怀疑起来。万一真如朋友所说，栽了，那后果……

得，就在你犹豫的当儿，命运之神一闪而过了。你错过了一个再也不能把握的机会，后悔得眼珠子啪啪直往下掉。

遇事总爱给你泼冷水，说是让你清醒，这样的人，在你的"朋友"队伍里，一定有几个。因为挂着朋友的名，你就很容易被左右，而忽略了这些冷水后面的东西。或许，是他们想证明比你高明的虚荣心，也或许是因为他们怕你成功的嫉妒心。

每说起这样的事，刘谊后悔得直想撞墙。刘谊原来是做服装生意的，冬天的时候，有一家刚上市的服装公司的营销员找到了他，希望能加盟他们的服装公司，代理这个城市的服装经营。因为是新公司，对方打出很优惠的条件。刘谊初步算一下，如果接下这家的代理，按冬季的销售量，进个十万元是稳操胜券的。做一家也是做，做两家也是做，刘谊当然会动心，决定选好门面后就着手和人家谈判加盟的事。其实更让刘谊动心的还有另一层，新公司答应他，如果他做得好，下一步可以和他谈全省的总代理。如果能拿下一个省的总代理，前景辉煌得让刘谊有点不敢想像。

刚好这时，刘谊左邻的服装店因为经营不善，想退租。刘谊就赶快把这间门面盘了下来，准备装修。签约，订盟，刘谊毫不迟疑地往前走着。但装修完毕，总铺货却要数十万元的款项，这让刘谊有点犯难。因为早一星期，另一家公司就给他打招呼，赶到销售旺季，原货可能要上涨10%，提醒他赶快囤货。商人当然重利，何况年前正是销售旺季，一个月抵得上全年的营销额。刘谊二话没说就把手中的余钱全投资进去了，这边新定的公司就成了虚空了，于是，刘谊就想到了好朋友王蔷。王蔷早年和自己一起下海，商场滚摸了这么多年，虽然早歇手了，但手里的余款，资助一下自己肯定是不成问题。

王蔷一看到老朋友来了，热情地赶快泡上龙井茶，口里连连说自己真是太想老朋友了，只是太忙，没得空去看望。刘谊心里挺感动的，告诉王蔷自己是来借钱的，如果自己把这家新公司的服装生意做好了，下一步全省代理的事，可以和王蔷一起来做。

本以为王蔷会感激的，没想到他一下就瞪大了眼睛，对他说："你呀，还真是初生牛犊不怕虎呀！"接着又苦口婆心地教训起刘谊来，说："现在的服装市场，鬼神莫测，而新上市的公司，你知道他们公司运营怎么样？万一要是栽进去，你这多年的心血可就泡汤了。我可不是心疼我那钱，我是看你挣钱不容易，不想让你的心血打水漂。别把身家性命都赔进去，到时后悔可也没得买药的地方……要我说还是先冷冷，先调查一下他们的公司再说。"

被兜头浇了一桶冷水，想想这么多年自己奋斗的辛酸，刘谊也觉得自己是不是有点冒险了。他决定听从王蔷的，先冷一冷再说。

但就在刘谊冷神的当儿，那家新公司急于推出产品，马上就又联络了其他代理商，很快铺开了市场。因为新公司急于打开市场，先期货物价格低廉，且质量上乘，生意如火如荼，那家经销商狠狠赚了一把。

看着人家刷刷数票子，刘谊悔得心肝都想吐出来。心里埋怨王蔷，好多天都不接他的电话。

作为朋友，关键时候不能替自己掌握全局，分清方向，反而只会泼冷水，动摇自己的决心，这的确让人心里不爽。

中学课本里，有这么一篇课文：触龙说赵太后。这个触龙，真是大胆，连太后决定的事情，他都敢顶撞，说得一无是处。不过，人家虽然也是唱反调，但人家唱得有理，于国于民都有好处，是引导着走向好处。

但你的朋友呢，就真不敢恭维了，他们既没有高瞻远瞩的目光，自然也没有手拨云天的气度。他们站在狭小的天地里，却感觉不到自己是井底之蛙。

这一类朋友，心理极度自卑和不自信，所以他们需要不停地打击别人，满足自己的虚荣心，似乎只有这样，才能显得自己比别人强大一些，心理上才会舒服。

交上这样的朋友，恐怕得提前给自己打预防针，提高自己承受打击的能力。当然，如果你想干出一番事业，需要的是朋友的鼓励，那就别理他们的茬，别让他们把自己当成他们心理满足的试验田。

这一类朋友，最好的消毒办法就是把他们晾在阳光下暴晒，为防强烈阳光灼伤自己；你也得远离点，给他们消毒的同时，最好也告诉自己长个记性，以后别再把自己的行动计划对牛弹琴。

同伴压力施加者

当你负重前行的时候，你最不希望的就是别人再给你的肩头上增添压力吧？如果给你加压的是你"朋友"，这情景就更让人难堪和不爽。

人们需要朋友，是因为在疲惫时，需要一个听你倾诉的人，来减轻你的疲惫和焦虑。朋友的别名是同盟军，他们和你臭味相投，明白你的心思。你想唱歌时，他最好能抚琴来回应你，而你想跳舞时，他可能会立马为你调好了旋律。

但事与愿违的是，有好多朋友与这些理想相差十万八千里。当你需要支持时，他们不但不给予你想要的，反而拼命地拉你后腿。当你想放松时，他们送给你的偏偏就是紧张和焦虑。这让你本来就疲惫的心情更加沮丧，甚至连连出错，自信丧失。

遇到这样的朋友，你的心里还能悠哉乐哉歌唱：朋友就是温暖的春天？

这样的朋友活跃在你的交际圈里，他们表面上绝对和你很贴心，但他们却绝不会给你支持和理解。他们一味按着他们的意愿来和你处事，你在他们眼里，就是他们郁闷时的甜心果，烦恼时的开心丸。

他们貌似和你亲密无间，但骨子里却像和你有着八辈子都解不开的冤仇。他们用甜言蜜语灌晕你，用虚假的温情送你到十八层地狱。

你很有些惊慌，不明白你们的友情怎么会如此变味。其实这很正常，现在的社会，到处是尔虞我诈，抬脚举步都是陷阱。各方面的压力都特别大，有一些貌似亲密其实却相当自私的小人，他们舍不得让自己难受，当然就只能把不舒服转嫁给你了。

这种情况，就是"借刀式友谊"。

我们每一个人身边，都有可能潜藏着这类"借刀杀"式的朋友。这样的人貌似非常关心你，对你关怀备至，其实是一点都不顾你的感受，也根本不考虑你的现状。你碍于面子，顾着友情，委屈着自己莫名其妙地受伤害。直到自己伤痕累累，疼得龇牙咧嘴，才觉得自己太善良，早应该踢飞这些"朋友"，但此时，已经悔之晚矣。

施小乐，就是被这样的朋友给生生害了下半生。施小乐是个内向的男生，遇事不爱发表自己的意见，总是说，随朋友们意思吧。农夫的善良只会让自己被蛇咬，施小乐的忍让，当然也是只能让自己吃亏。

施小乐的公司几年前就开始走下坡路，不景气。公司里有门路的同事转的转，调的调。没几年，公司几乎就成了空架子。施小乐当然也想另谋高就，给自己的人生一个支柱。

他一直在悄悄打听着其他的公司，准备随时跳槽出来。终于机会来了，有一家大型公司看了施小乐的简历后，对他很感兴趣。

这家公司是小乐心仪已久的，不但前景广阔，而且员工待遇也非常高。施小乐知道，自己如果跳槽成功，以后的生活那真是会更上一层楼。为了能顺利进入这家公司，施小乐几乎动用了所有的关系，托人情，送礼物，没少忙活。不过功夫也没白费，终于，那家公司给他下达了面试通知单。

为了面试成功，施小乐真是下了一番功夫，用自己半个月的薪水去买了身新衣服，又新做了发型，可谓万事俱备，只欠东风了。面试前一天，施小乐一下班就把自己关在宿舍里，他想再静心看一下这家公司的资料，再熟悉一下他们的情况，明天好一举打赢一个漂亮的翻身仗。

没想到刚吃过晚饭，几个朋友就闯进了宿舍。一个叫焦亮的朋友说，今天和女朋友干了一架，心里不爽，想接小乐一起去放放风，喝两杯。

这怎么行！想到明天的重要事情，施小乐当然说不去。

"不去也得去。咱哥们儿，谁跟谁呀！和哥们友情比起来，再重要的事你也得往后放……"

焦亮不由分说，拖着小乐就进了酒店。看这架式，小乐知道自己不喝两杯是万不能脱身的。只好暗暗打定主意，支撑一会就告辞！

但人家焦亮的如意算盘比他打得还准，根本就不允许他开口说告辞的话。他只要一张口说离开，一满杯酒就直接灌下他的肚去。

吞着苦水咽着酒，一直陪他们闹到凌晨，几个人才说行了，打道回府。但这时施小乐已经不能回府了，刚出酒店的门，他就一头栽在地上，然后就进了医院的门。

施小乐这一躺，三天过后才从病房里出来。面试当然是早过了，他一生中说不定是唯一的一个辉煌的机会，就这样牺牲在酒桌上了。从医院里出来的施小乐，简直像霜打了一样，以后看到焦亮就扭过脸去，在心里狠狠咒骂着这个缺德的"朋友"。

这损失够惨重的，作为朋友，不但不能替你分忧，反而在紧急关头拖你后腿，影响你一生的命运，这样的朋友不是毒友还能是什么！

他们因为自己有压力，就把这种压力转嫁给别人，施加给自己所谓的好朋友，这就是朋友之害。一个陌生的人，肯定不会让自己有耐心去听他们的倾诉，去喝他们的陪斩酒。所以朋友有时候其实是害你的人。

纵观社会，你可以发现，世上有好多强借施压的事情，国家之间的施压，那是因为国情需要；公司之间的施压，那是为了生存；而朋友间对你的施压，纯粹是为了解脱他个人，而把你放在牺牲的阶层。有时，甚至是嫉妒，怕你更出色，怕你比他更强，所以要千方百计地阻止你的上进，阻止你有超过他的地方。这就貌似一把杀人不见血的刀，让人害怕。

当你身边出现这类人，你觉得还有必要留恋么？别留恋，留恋就是害自己，所以遇到这类朋友，你最好还是毫不客气地踢飞他。别老用别人的错来处罚自己，生活是自己的，快乐也属于自己，前程当然更是自己来打拼的。所以，别人不心疼你的时候，你总得自己心疼一下自己吧。

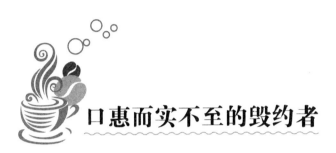

口惠而实不至的毁约者

林子大了，什么鸟都有，朋友多了，那自然是什么类型也都有了。

当你开始拥有众多的朋友，你的生活会因此而丰富多彩。你的这些朋友们，不乏热情似火者。他们貌似和你很贴心，围绕在你的身边，说着动听的话。除了陪你打发时光，他们还会为你着想一些事情。而你遇到困难，他们还会信誓旦旦拍着胸脯，说什么为朋友两肋插刀，你的事就甭管了，有他在呢。你急需完成一件事情，而这事非得朋友帮忙，于是，你想到你这些忠肝义胆的朋友，毫不犹豫就把自己的焦虑和心焦说给了他们。在你看来，凭你们的交情，这样的小事还不是手到擒来，易如反掌。

当然，你的朋友很是照顾你的情绪，立马就答应了下来，并说会很快办好这事情。

你心里又轻松又得意，暗暗感谢上帝的仁慈，送给自己这么一位知己知意的好朋友，真是人生一大幸事！但结果呢，你一日日地等待，等得花儿都凋谢了，拿到手的却永远只是承诺，而不是兑现。一次次的失望过后，大概你才不得不承认，原来自己看到的都只是美丽的虚幻景致，毁约已经是这类人的家常便饭。自己可以一言九鼎，但人家就是言如浮藻。你能咋办？原来自己的朋友竟然是这种德性，心情是不是顿时会从盛夏走到寒冬呢？

别让你的朋友成为负资产

这样的朋友并不是少数。他们貌似良善，却虚情假意。他们平日所为，只会围绕着自己的利益来周旋。当需要你时，就会口吐莲花，让你云里雾里。而你一旦失去利用价值，或者你地位低下，不能给他们什么实际的实惠时，他们就会远远离开你，把你曾经认为很经典的友情也同时抛到九霄云外。

这类"朋友"，纯粹是虚假蜜糖派。他们脸上挂着蜜袋子，手里握尖刀。遇到这类人，你最好提高警惕，小心人家的刀锋走火，刺伤到你。

出入交际场，混迹朋友圈，在"朋友"这江湖上，如果你没有受过这类朋友伤，那你真可称得上是"智圣"。

有天一早，好友林清的电话就打了过来，非常郁闷地说："心情很不爽，想找你聊聊，有空没？"

林清平时工作忙，一般是不会随意打扰我的，一听这话，就知道他肯定有状况。

果然，林清一走进我的客厅就说，感觉很不好，老有种被骗被忽悠的感觉。

我笑着问他怎么了。林清苦恼地说："遇人不淑呀，遇人不淑呀……"看这情景，不是被骗就是被涮了。果然，还没等我开口，林清就委屈地诉说起来。

"我这一次真栽了，但我真想不到，会栽在朋友手里。真让人纠结！"林清有些郁闷地说。他有个私交很好的朋友，叫蒋南。两人要说也是好几年的交情，虽然不能说掏心掏肺，但在他林清眼里，也算是知心的好友吧。

林清和蒋南曾同在一个机关工作。因为看到自己当官无望，又不甘心一直做个平平的职员，林清早两年就从单位退出，干起了个体。虽然离开了单位，但和蒋南的交情却没有断。每到过年过节的时候，林清都会买上礼物，去看望蒋南。有时自己出差回来，也会为蒋南捎回一些风味土产。每次去的时候，蒋南自然是热情招待，曾不止一次地对林清说："咱们哥们儿离得再远，心却没距离，有什么事需要哥帮助的，尽管说，哥们儿一定尽力而为！"

这几年，蒋南也算成绩不小，从一个一般科员上升到单位二把手。这样的权力，帮林清办些事当然是易如反掌。最开始的时候，看到林清的老婆也没工作，蒋南曾不止一次说过，要帮林清把老婆的工作问题解决了。

但解决来解决去，好几年过去了，林清的老婆还一直在家呆着。不过，林清并不在乎，自己干的是个体，家里也确实离不开人。

早一个月的时候，林清一个老乡找到他，说家里承包的果园果子丰收了，知道林清在城里，关系多，想托他帮忙销一些。当然，这是有回扣的，不让林清白帮忙。

林清知道，蒋南的单位其实每到中秋，都会整箱整箱地给干部职工发水果。不如借这个机会，把老乡的水果给销了。于是，林清找到了蒋南。一听是这事，蒋南一拍手就说，这点儿事，放心，有多少我们要多少！

得了这句定心丸，林清回头就对老乡说，把果子全运来。老乡乐颠颠地把满园的果子下了树，雇了一辆大车运到城里。但当林清给蒋南打电话时，蒋南却说，货先放着，让我再给其他领导打个招呼。

这一放就是好多天，眼看着水果一个劲儿地烂，林清再也沉不住气，不停地给蒋南打电话。但蒋南的电话却再也打不通，要么是无人接听，要么是不在服务区。林清真急了，就找到单位去，却没想到正看到让他吐血的一幕：单位里正在发福利，一箱箱的水果，却不是他老乡的……

林清气得真想把眼前一切都砸碎了。他说，自己真不是在乎能从这批水果中挣多少回扣。问题是让老乡把果子全下树了，现在却这种情况，给老乡造成巨大损失不说，恐怕自己从今往后在村子里的名声，也会是大骗子一个！

我给林清倒了一杯水，劝他说："也别再难过了，虽然浪费了精力和财力，但你就当是人家给你上了一课吧。让你充分体验一下这江湖险恶。"

其实，不必这为这些人伤心，但一定得告诉自己，远离这类骗子朋友。但凡遇到这类人，直接拜拜；把他们从自己的朋友圈里径直踢出去。

林妹妹式多愁善感者

现代生活，疲惫又忙碌，再兼各种莫名其妙的压力，我们当然需要有轻松的朋友，找个适宜的环境，把心中的苦水倒出来。如若朋友是林妹妹式的人物，你还没倒苦水呢，他的苦水倒先把你淹得窒息。整天让你浸泡在苦水之中，哪还有心情去品尝生活之美，友情之璀璨？

"这样的朋友真让我累，作为朋友，我倒真想为他解闷，但问题我不是超人呀！我也要生活，但现在却被他搞得一团糟……"

朋友建新，一脸郁闷地对我唉声叹气，原来他遭遇了友情林妹妹。

建新的这位朋友叫程维。别看程维长得五大三粗，像个纯爷们，但性子却简直是林妹妹的翻版。

每每一有不开心的事，程维第一想到的人就是建新。看到朋友不舒心，建新当然是百般劝解，让他凡事看开，别由着自己的心性。尤其是大老爷们，咋能爱生小气，让自己不愉快呢！但建新的这番话，跟吹出去一缕轻风差不多，人家程维都没让这话进耳朵，就让风吹走了。

一天，建新要和女友一起去拍婚纱照，还没动身，程维的电话就到了，说活着真没意思，想去自杀。建新吓了一大跳，丢下未婚妻就赶到程维那儿，才知道原来是程维业绩不行，被老板训了一顿。他心里想不开，便拎了一大堆的酒，独自饮醉了。

知道程维没事。建新的心才放下一半，只得安慰程维，等他的情绪平静了，自己才飞似地赶到婚纱店。但女朋友早走了，知道女友生气了，建新赶快打电话给女友赔不是。女友很干脆，冷冷地说："你跟你朋友去拍婚纱照吧！"

这事过去，还没过几天舒心日子，程维的问题就又出来了。因为在路上纠缠前女友，被扭进了派出所。找人，打点，把程维弄出来。建新真搞不明白，都分手 N 年了，还有啥扯不清的？没想到程维说，虽然分手了，但她还拿着我送的一枚戒指没还。程维眼泪汪汪地说，自己薪水不高，所以想讨出来送给现在的女朋友……气得建新扭头就走，心里暗叫苦，这算哪门子德性呀！

建新说："我真郁闷，好像我是他的私人秘书，整天就围着他转，光他的郁闷和眼泪我都给他撇不清。我也有工作，有家，有乱七八糟的杂事，但每天却要把大部分精力花在他身上，我这纯粹傻冒一个不是。不理他吧，看他可怜巴巴的。我现在最害怕的就是他的电话，提起都要发抖了……"

我对建新说，你这纯粹自找。你以为你是老大，世上谁也离不开你？你倒可以试试，关机一个月，看你这朋友是不是还活得好好的。

这类朋友，自己没有主心骨，却总爱把麻烦扔给朋友，自己不舒服不说，还把朋友也拖得精疲力竭。他们把朋友看成是他们的避难所，一有问题，首先就想到朋友。把麻烦扔给朋友，他倒是轻松了，却从不考虑朋友的心情和处境。

明摆着的自私自利行为，这样的朋友，比鸡肋更可恶，应早扔到垃圾桶里。

拥有这种性格的人，除了其心智不成熟以外，还有就是自私自利。自己都打理不好自己的生活——总觉得是朋友就该替他们担当一切，却从不想自己为朋友做出过什么。朋友就是自己的免费避难所？

朋友虽然是很美好的一种交往模式，但也是要互惠互利的。你敬我桃李，我送你木瓜，当你只会一味地索取和贪婪，任谁都会感觉疲惫，感觉郁闷。

人们交友，为的是让自己在世间有些精彩，有一份赏心悦目。而友情一旦成了杀害你健康和生活的杀手，你还有必要留恋吗？

对自己狠一点，与毒朋友果断说拜拜

人们因为疲惫，所以需要有一个倾诉的出口。人们因为孤独，所以需要朋友的安慰。一句话，我们活在现实中，就离不开朋友，而交朋友，也是为了让自己的生活更轻松，更美好。但生活中总是有许多事，和我们初衷相背离。我们按自己的意愿，有了大批的朋友，但这些朋友中，却总会有那么几粒刺手的沙子，把我们本来好端端的生活搅得乱七八糟，把美好的心情击得粉碎。

这些沙子还有另一个名字，就是"毒朋友"。这些人戴着面具，让你不易分辨。

人家热情洋溢，看到你就会笑颜飞花。他们会拥抱着你的肩，或者挽着你的手，亲热无比地说："嗨，好久没见到你了，说老实话，我可真想你！"其实，人家这种亲热，只不过是每天的必修课，是人家化妆术中的小伎。别看人家说得比蜜还甜，其实心根本就没在你身上，只不过是他们正要想试一下演技的时候，你刚刚好出现在人家面前，成为人家表演的道具。

这些毒友，送给咱们的是根本不需要的虚假和货真价实的麻烦，若接下了这些，咱们的生活只会更糟糕。所以，想要让阳光一直围绕着自己，就得学会清理，把这些毒友踢得远远的。

朋友虽多，但留心一些，不难发现，生活中谁是咱们真正的知己，谁是咱们可以交往的良友。这时你大概会有些不甘心：天，原来自己相识满天下，相知却只有几人呀！是，这就是现实，纵然你交友于五湖四海，但和你相知相近的，也就那么几个人。其他的都是围绕着你的路人而已。

这些陌生的熟人，拥挤的泡沫，是不是应该扔得远远的，不能让他们影响咱们的生活？也许有点舍不得，总觉得，这些虽然是泡沫，但经营起来，也是费了一番心血的；或许是心抱侥幸，这些人虽然是泡沫，是毒友，但不定哪天会良心发现，会和自己成为好朋友，在自己需要的时候拉自己一把。

别做梦了。因为毒就是毒，绝对不会化成任何美味来供你享受。如果一味于心不忍，只会让自己中毒越深。这些毒友，于你们的"友情"根本起不到净化的作用，反而只会引着你的生活向更糟糕的方向发展。

从集市上买回一箱苹果，你突然发现，里面竟然有几颗烂果子。也许，你觉得烂得那么小，不会妨碍什么事，等有空再处理吧。得，你大错特错了。因为等过了几天，感觉房间里都有了霉味，你才想起那几个烂苹果。你打开箱子，自己都不敢相信自己的眼睛。那几个烂苹果，竟然已经传染了大部分的苹果。现在箱子里不是几个烂苹果的问题，而是整箱烂苹果的问题了。

遇到这样的事，的确是够让人束手无策，但有没有想到，这其实是自己纵容的结果？

于心不忍，除了会给你的生活带来更多的不便和麻烦，不会给你半丁点的好处和香甜。

越来越多的人认识到"毒友"的危害，于是就有越来越多的人走进心理诊所。他们需要心理医师帮助他们鉴别出那些有毒的朋友，也希望自己的生活从此走向圆满。

区分"毒友"并不难，走向圆满也不难，关键得是自己有决心，舍得离开他们。

真正的朋友不会用甜言蜜语来麻痹你，不会用无形的压力来整垮你，更不会让你本来就不够开心的生活更加不开心。真正的朋友是香甜的空气清新剂，在你疲惫时，他们送来一句温馨的话；当你在遇到困难时，他们没有豪言壮语，却会悄悄为你送上一杯绿茶，一个拥抱……

人们说，患难之中见真情，其实应该是患难之中见真性。

虽然我们渴望友谊，但也要学会抵制各种不良"友谊"。这些"友谊"看上去是一张美丽的网，其实网中布满了陷阱。当看到鲜花的时候，最好眼睛也要睁大一些，别因为花香的引诱而落下陷阱。

不想掉进陷阱，就缩小自己的交际圈，把有限的精力放在真正的朋友身上。我们可以和朋友聊聊天，谈谈心，这样收回无谓的浪费，生活真的会轻松起来。

我有一个叫刘江的朋友，是搞运输的，个性豪爽，爱结交朋友。从前打电话，他在家的时候，不超过五分之二，其余时间全泡在朋友身上了。有天有事打电话找他，他竟然在家呆着，真让人奇怪。刘江很平静地说："早先总认为多个朋友多条路，但现在，发现真不是那么回事。"

朋友多了，花费精力也多，整天把自己搞得疲惫不堪。最主要的是，这些"朋友"好多根本不是朋友，只不过是熟人。当你真正需要帮助的时候，他们根本不会给你任何帮助，说不定会把原来并不混乱的秩序搞得更加混乱。

原来，前一阵子，刘江出车的时候，和一辆货车相撞。当时，刘江的车已经过了保险期，在刘江看来，如果处理得当，自己能把损失降到最小。于是，他赶快运动起自己的关系网来，但让他郁闷的是，那些朋友，一个个对他倒也相当热情，说他的事就是自己的事，一定办好。但他鞋子都快磨破了，求人家的事却一拖再拖。交通事故，车又被押着，越拖他损失越大。没办法，只好走正当渠道，没几天就完事了。

刘江说："我现在真想开了，这一场事故，我的关系网几乎算是没用上，并且还让我破费了许多关系费，算是我交的最后一笔学费吧。现在我想开了，既然都是泡沫，我何必浪费那么多的精力呢，就和几个真朋友交往，又省事又省心，何乐而不为呢。"

不会对自己狠心的人，只会让自己无休止地纠结于这些乱如麻的"朋友"中，繁乱许多，糟糕许多。

狠不下心，自己就会深陷痛苦；而对自己狠一点，其实是对自己多爱一点。舍得对自己动刀子，准而狠地挤去身边的泡沫，还自己一个风清月明的朋友圈子，是你的智慧，也是你的福气。

第 4 章

误你一生的十六个交友误区

　　泰戈尔说，我们看错了世界，反说世界欺骗了我们。这话正是当下一些人的写照，很多人总是做错了，才知道后悔，总是把"如果……就会怎样……"挂在嘴边。交友中也总是有这种"事后先生"，总是等到伤了感情，或者造成了朋友间的隔阂和遗憾，才知道后悔。人生苦短，友情脆弱，承受不了如此之重的伤害和遗憾，何不一开始就把问题看清楚，少犯错。

　　交友中有很多的误区，需要你像智者一样懂得如何去规避，从而让你拥有和谐的朋友关系。

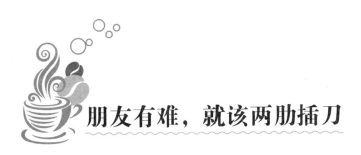

朋友有难，就该两肋插刀

　　怎样才能让我们的友情更加美满？朋友有难该怎样解决？几乎，每天都有好多人都在为这个问题伤脑筋。他们觉得，既然有缘成为了朋友，就要做到完满，才算对得起朋友，对得起这份友情。而在交际圈中，似乎友情的完美，只有做到了和朋友粘心贴胆，或者为朋友两肋插刀，才算是彼此最真心的朋友，似乎也只有这样，友谊才能达到最高境界。

　　貌似为朋友两肋插刀，不但是鉴定友情的纯净与厚度的标准，也成了友情的检验器。

　　中国向来以礼仪之邦自居，朋友间的友情，自然就是这邦中开得最美丽的一枝花。而把友情看得高于一切的人们，更是认为，朋友有事，当然得尽力帮助。小事就不必说了，若遇到大事，做不到上刀山，下火海，那真对不起朋友们了。

　　而在生活中，当两个朋友走到一块，听到朋友对自己说："放心，有什么事，哥们肯定会为兄弟两肋插刀的……"这样的话，说的人豪情万丈，听的人也肯定是心里舒服得如六月扇凉风，幸福难以言表。

　　不管从哪方面来说，有一个肯为自己两肋插刀的朋友，的确是件爽得不能再爽的事情。

　　但为朋友两肋插刀，真的就是好事情？就是体现友情的最高境界？貌似不尽然。假如，有朋友突然有事来找你帮忙，但其实这件事呢，你本来是不太会处理的，但你为了表达对朋友的真心，就干脆利落地两肋插刀下去，这是好事还是坏事？说不定没你的刀子，人家处理起来还省事些，但因为你的这一刀子，就增加了无数倍的麻烦和难缠。你说，这刀子插得是不是相当失败呢？这样的情形，岂不是为朋友添乱了么！

凡事皆有可能。所以，真需要动刀子的时候，最好动动脑筋想明白，这刀该不该插下去，后果是不是就是自己想的那样，只会锦上添花，而不会凭空添乱。

宏兴就是这样肯为朋友两肋插刀的义气人物。但他的两刀子，不但插散了一位亲密朋友的家庭，也把自己和朋友苦心经营了十多年的友谊插得粉碎，彻底完蛋，让人啼笑皆非。

宏兴是我邻居，挺豪爽的一个大老爷们，说话粗声大气，出手也豪爽大方。在小区里，人人提起宏兴，都夸他性子直，人缘好。宏兴也暗自得意，觉得自己为朋友的心肠，差不多就是宋江再世了。

宏兴有一位朋友叫周军，和他十多年的交情了，平时两人好得就像亲兄弟。周军哪样都好，就是一样不好，惧内。他老婆让他往东，他绝对不敢往西；让他去打狗他百分百不敢去抓鸡。宏兴最看不得他这一点，说你呀，真丢咱爷们的脸，一个大老爷们，在老婆跟前唯唯喏喏的，比哈巴狗还不如！

人家两口子过日子，只要人家觉得心里舒服就好，你操这心是不是有点多余啊？

那天，因为一件小事，周军的老婆又跟他干了起来。周军委屈万分，恼怒地骂老婆说："你平时就像个母夜叉，让我在朋友们面前丢尽了人，我活得还算个人吗？"

一句话更让老婆恼羞成怒，想都没想，抓起手边的水果刀就向周军掷了过去。刀子不偏不倚，正好砸在周军的脸上，顿时划开一个血口子。刚巧这时宏兴来给周军送东西，一看朋友被欺，心头之火一下冒到天上。宏兴心想，这婆娘平时欺负周军像欺负狗一样，今天自己说啥也得教训一下这个恶婆娘，让她以后给自己的哥们一点面子！脑子一热，就冲了上去，拎小鸡一样拎起周军的老婆，拳打脚踢。

宏兴一个五大三粗的男人，下手又重，一个女人家哪是他的对手呀。三拳两脚，就打落周军老婆两颗门牙，外带胳膊骨折。送进医院后，刚怀上不到三个月的小娃娃也因此流产。

周军的老婆恨死了，咒骂周军说，你朋友有种，你有能力交上好朋友，你跟你朋友过去吧！一纸诉状递到法院，坚决要离婚。因为宏兴的插手，搞得自己妻离子亡，周军也怨恨宏兴多事，便把一肚子怨气发到了宏兴身上，也递一纸诉状到法院，状告宏兴无故伤人。

本来是想让人家长一下教训，以后好好过日子的，没想到这一刀下去，不但插散了人家的家庭，插走了自己视如兄弟的朋友，还把自己插进了大狱，这一刀插得太不值得了。

判刑的时候，宏兴悔恨得直抽自己的脸，流着泪骂自己混。

这刀插得，真是百害无一利。朋友有难，当然得出手帮助，但你得分清场合，分清轻重，不能什么事都不动脑子地拔刀相向。而且，有些事也并不是插了刀子就能解决的，而有些事其实不用刀子也能解决得相当圆满。

意气用事，遇事莽撞，一味按自己的心意去做事，殊不知，这样的两肋插刀是天下最没意义的事情了，因为不动脑子的两肋插刀，只会把事情搞得更糟。

现代都市，人们生活的空间更为广阔，接触面多了，麻烦事自然也跟着多起来。每天忙忙碌碌地穿行于情场、商场、职场、交际场。这些场所，繁乱无章，麻烦不断，你和你的朋友肯定都会遇到数不清的麻烦事。凡事多长个心眼，多动动脑子，遇到朋友需要插刀时，多想想这一刀下去的后果，三思而后行，肯定就会减少不必要的后悔和懊恼。光晓得闷着脑袋拎着刀子上战场，你不跌坑谁跌坑？

为朋友两肋插刀虽然是个美好心愿，但放在现在这高信息高科技时代，并不是多实用。因为解决问题的方法太多了，而动刀子是最愚蠢、最原始的帮助方式。尤其是在遇到有可能引起严重后果的事情时，最好还是动动脑子，再决定手中的刀要不要插下去。

"朋友"就是用来利用的

"朋友"的定义有很多种，最常见的定义就是：朋友是路。把朋友当成路的人，大多会把朋友当成自己人生路上的同行者，当成自己的好伙伴。他们觉得朋友是可以和自己说知心话，做机密事的同甘共苦者。因为朋友，他们的事业可能会比别人成功许多，生活也会比别人更多一些轻松和愉快。

但还有相当多的人心中的"路"和上面的路不太一样。这条"路"上的人们总是认为，交朋友的目的，就是为了满足自己的各种欲望，而朋友就是自己手中可以利用的活动着的工具。朋友这条路就是让自己随意踩的，让自己随时利用的，如果"路"失去了利用价值，他们就会对你不理不睬，视同陌路。

虽然让人感觉不爽，但现实就是这么悲剧，明明白白地告诉你：你有时就是某些"朋友"的资源，是人家的仓库。虽然你自己不知觉，但人家已经把你当成随时可以垫在脚下的一块砖而已。这类人，在结交"朋友"的时候，目的性会很强。人家按着自己需求去找"朋友"，对自己没有用处的，他们不但神情冷漠，甚至懒得看一眼。当你荣幸成为这类人的朋友时，别只灰心地认为这是悲剧，且给自己开心一下：说明自己还不是废物一个，至少还有利用的价值。

社会的复杂，生存的艰难，让这类人变得格外圆滑和聪明。他们会把周围的同事和熟人，分成三六九等。哪些是潜力股，哪些是升值股，在他们的眼中清清楚楚。他们会在用得着的时候，直接奔向目的地。

在你的周围，你的熟人中间，这类人太多了，根本就让你防不胜防，因而被朋友"路"过的人，也多得数不胜数。提起这类"朋友"，就让人们苦恼又尴尬。

邱凌是我朋友，上星期大家聚会时，说起自己被"路"过的经历，还是有些啼笑皆非。

邱凌说，两年前，他刚到公司，谁也不认得，但一个人对他却特别热情。这人叫夏江，是邱凌科室的一把手。夏江不但给邱凌安排了一个向阳安静的住室，还事事照顾着他，把邱凌宠得像是他亲生的兄弟。这让邱凌感激得很，还真把人家当成自己没有血缘的大哥了。

那天，拿到第一个月的薪水，邱凌第一个心思就是赶快设宴请一下这位夏江大哥。人家是一科长，把自己这么一个小人物，一个没后台的小职员，当成亲弟弟来对待，自己要没一点表示，那也太没人情味了不是。

那一晚，除了夏江，邱凌还请了几个和自己一同去公司的小哥们。席间，大家谈笑风声，无比畅快。大概酒都喝得多了，开始东拉西扯地谈起奇闻八卦。邱凌呢，也没啥好新闻给大家听，就讲起自己在山村里成长的各种趣事。那一晚，几个同事才知道原来邱凌是山村里长大的土蛋子。当时，酒遮着脸，邱凌根本就没觉察到夏江望着自己的越来越冷的眼神。

从那晚起，夏江对邱凌的态度一百八十度的大转弯，这让邱凌摸不着头脑，他不知道自己哪里得罪这位大哥了。有好几次，他都想走上去跟夏江还像从前那样亲热地说话，但夏江却像躲避瘟神似的，转身就走。

后来，邱凌的一个同事告诉他说，刚进公司那会儿，因为邱凌和他们老总是一个姓，所以人们纷纷传言，邱凌是他们邱总的侄子，将来说不定要接管公司的，所以为了巴结未来的公司老总，夏江当然对邱凌格外照看了。但那一晚的夜宴，邱凌自曝家底，亮明了自己只是一个山里娃，顿时让夏江觉得自己瞎了眼珠子，投资错了，马上就开始对他冷淡了。

邱凌这才知道，原来人家从前对自己好，是觉得自己是潜力股，现在看不到希望，当然就不稀罕自己了。

邱凌又羞又愧，从此见到夏江就觉得不舒服。

但戏剧性的是，没过多久，邱凌因为表现优秀，很快被总公司发现是个苗子，直接提到了总部。刚上任第二天，夏江就拎着礼物登门拜访了。打开门，一看是夏江，邱凌心里顿时就像活生生吞下了一只苍蝇那般不舒服。

邱凌说，知道他是个势利小人，自己根本就不想同他打交道，但因为同在一家公司，又不好直接得罪，所以，现在搞得自己是见到他就想躲。在公司里，不但自己烦这个夏江，邱凌还看出，许多同事都不喜欢他，提起他都直摇头，都说这人不能交。看来，这类势利小人，不结交是自己幸运，要真结交成朋友，那恐怕将来还不定出什么大麻烦呢。

邱凌说的是实情，这样的情形的确让人又尴尬又不舒服。是呀，明白自己只是"朋友"手中一只潜力股，是随时等待着人家拿出来利用的物品，任谁心里都会不痛快不是。

生活中这类人真是太多了。一门心思想着自己的成功，想着自己的得失。眼前的所有人，只要有利用价值的，那就交往，没有，就一脚踢开，这也太功利了。这样抱着明确的功利心向前奔，一点缓冲的余地都不给自己，能挽留住那些所谓的资源么？当他们一心想着所有可能利用的资源时，哪还有心情去经营那些真正的友情，这样的友情花园不荒凉下来才怪。

一旦像夏江那样，把自己的"友情"跟权、势、工具强硬地结合起来，恐怕只能落到太过聪明，反误了卿卿性命的下场。

朋友是路，交朋友没有一点目的心是不可能的。遇到困难时，希望借助一下朋友这条"路"度过难关也是可以理解的。但若抱着百分百的功利心去交友，那就是另外一回事了。看到人家青云直上，你便蓄意巴结，像条哈巴狗一样；而一旦人家失势，你又翻着白眼，像踩霉运一样把人家踢得远远的。以为这样，你的人生就会被设计得完美无缺，要风有风要雨有雨？说实话，那真是大错特错。

俗话说：三十年河东，三十年河西，海有落潮，同样也有涨潮时，当你认为那些朋友没有价值了，说不定人家明天一个翻身，马上就比你辉煌十倍。而这时你再想到人家的利用价值，再去巴结奉迎，人家不给你冷脸才怪。因为，谁也不想被赤裸裸地利用。

真正的朋友是路，也是桥，但这只限于朋友间的通行。而友情是需要长久温暖浇灌的，抱着太强的功利心去交友，你永远得不到真正的朋友和友谊。

朋友是路，但你不能有了走路的欲望时才去铺路。想要走一条平坦的大道，就要在平时学会维修。要不，这路走下去，不但会千疮百孔，还会硌痛你的脚。

是朋友，就不该对不起我

一部《三国演义》让人手不释卷，百读不厌。吸引人们的，除了那些用智慧和聪明堆砌起来的良方妙计之外，还有一个让人津津乐道的原因，大概就是刘、关、张的桃园三结义吧。

这三位哥们，于乱世中结下生死之交。他们一生肝胆相照，至死不渝的友情，真真让世人开了眼。人们在叹服的同时，也不免暗自希望：自己要是也能有几位这样的朋友，也不枉为人一生，来世间走一回呀。瞧瞧人家这友情，肯为朋友生，也能为朋友死，真让人羡慕。

不过，羡慕归羡慕，眼光还得落在实处。这些极致的友谊，毕竟也只是书中描写的。而现实中的许多友情，已经远没有了这般高尚和纯洁，并且还都充满了油盐酱醋的杂味儿。有时候，不伤害你就足够好了，哪里还能指望得上肯为你生，为你死呢？

大千世界，千人千面，有好人肯定就会有坏人，有好朋友当然也就会有坏朋友。

当下社会，利欲熏心的人比牛毛还多，功利的污染到处都是，就连一向被人们称为心灵场所的交际场中，人们的嘴脸和目的，也同样会与时俱进，花样翻新。既有可以和你肝胆相照的朋友，那同时出现一些为了自己利益而出卖朋友的无耻小人，当然也就不足为怪了。

虽然世风日下，不过朋友圈中，为私利而出卖朋友的人毕竟只在少数，不足为患，所以大可不必成惊弓之鸟，自己吓自己。只是让自己明白，世上没有像童话一样纯洁，像纯净水一样透明的友情就行了。过分陷进纯度高的友情幻想中去，只会白白让自己掉一地的鸡皮疙瘩，也未必能捞到想要的纯洁友谊呢。

这就是现实，水至清则无鱼。对友谊要求过高，不但会让自己失去朋友，还会把自己锁进更孤独的田地，总幻想着自己被朋友伤了，委屈万分地把自己的友情世界搞得一无是处，没有光采。

凌飞的电话就是在极度的郁闷下打给我的，一开口就说："真的感觉世界无光了，甚至都不知道自己该干什么了，真没想到朋友也会骗自己！郁闷得真想拿块豆腐去撞了……"

问题貌似够严重，我于是约了这个小女人在咖啡厅见面。挺婉约的一个女人，只是水汪汪的大眼里装的不是风情，而是满眼眶的忧郁。

凌飞就职于一家媒体，这丫头爱说爱笑的，在工作中倒也结交了几个十分密切的朋友。其中一个叫梦娜，几乎和她一样的性格，大大咧咧的，什么都不在乎。平时，公司里的人都说她们俩是投错了胎的亲姐妹，但这问题偏偏就出在了这位"亲姐妹"身上。

凌飞大学时和一个男生相爱，毕业后男生飞去了北方。天各一方，无缘亲近，两人只得每天晚上在电脑上不停地敲击键盘，来表达相思之情。一天，男友欣喜地告诉她，自己出差要路过凌飞的城市，可以停下来陪她两天，好好和她亲热一下。一听这话，凌飞差点晕倒在地。因为公司已经指派凌飞和一个同事到北方出差，她还正打算顺路去看望男友呢，没想到命运会这么安排他们两个！

心中虽然万分留恋男友，但饭碗比爱情更重要，凌飞只得满肚子委屈踏上出差的征程。临行，托付好友梦娜，一定要好好照顾一下自己的男友。

还别说，人家梦娜真看朋友面子，为了照顾好凌飞的男友，特地请了两天假，陪着他把这座城市的大街小巷几乎都走了个遍。所有的古迹、名胜观光完以后，还带他去本城最有名的餐厅搓了一顿。

问题出在一个月以后。那天，凌飞、梦娜还有几个小姐妹一起在房间里聊天。梦娜半途上厕所去，她刚离身，搁在床头的手机就叫起来。也是平时嘻笑惯了，凌飞想都没想就拿起梦娜的手机翻看起来。这一看就出了大问题，原来，短信竟然是凌飞的男友发给梦娜的，语言火辣，内容暧昧，凌飞这才知道那次相见以后，他们就开始这样来往了。

兔子还不吃窝边草呢！梦娜竟然不顾朋友之情，插手自己和男友之间。天下最可恨的事就是被背叛，这梦娜也太没有朋友的风度了，竟然横刀夺自己的爱？凌飞几乎都没考虑，就嚷嚷起来，把刚从厕所回来的梦娜搞得站也不是，走也不是。当着众人，又觉得羞辱难当，忍不住就和凌飞你一言，我一语地刀枪箭棒起来，把个小型聚会搞得不欢而散。

事情远没有结束，虽然梦娜一再向凌飞解释，自己和她男友只是相互开开玩笑，顶多就是心思动动，但真的是没有对不起凌飞过。但凌飞依然不依不挠，只要一看到梦娜，不是怒骂，就是诅咒。没多久，全公司的人都知道梦娜不讲道义，抢夺凌飞的准老公。梦娜又气又恨，干脆一不做二不休，辞了职，真的奔到北方去找凌飞的男友了。没多久，就传来消息，

两人在那边已经同居了……

凌飞气得口吐鲜血，在医院住了半个月。出来后，自己都不知道眼前的路该怎么走了。

被朋友抢去自己心爱的人，这滋味是不好受。不过如果凌飞冷静一点，事态绝对不会发展到这么严重的地步。人非圣贤，孰能无过？人家就是对你的男友动动心思，发发暧昧短信，假若当时凌飞能大度一些，装做什么也没看到，或者哈哈一笑，来个幽默的玩笑，这事很可能就是大事化小，小事化了。

悄悄偷你的东西，人家心里很可能本身就会感到不安，你若是能大人大量，那你的气度很可能就会让她在不安的同时也更加无地自容，强迫自己走出这场尴尬来。但你的钢枪铁箭，却伤人很深。兔子急了还会咬人呢，被你逼到绝境，她能不奋身反抗？

三国名帅诸葛亮，除了有旷世的战略才能，为人处世也非常豁达大度。七擒孟获，不杀不斩，放虎归山，感动得孟获是涕泪齐流呀，想着这样宽宏大度的主帅，正是自己的良主，所以才真心归附。利用自己宽容大量，既得江山，又得良将，你能不承认大度和宽容是世上最有力的武器？

再看春秋时的楚庄王，有一次他宴请大将，大家正在大快朵颐，欢歌笑语之时，突然风吹了蜡烛。黑暗之中，有人竟然伸手抚摸了一下楚庄王最宠爱的爱姬的脸蛋。爱姬倒也麻利，一把揪下了那人的帽缨，交给楚庄王，想让他替自己雪耻。没想到楚庄王竟然不理她的茬，让大家都把帽缨取下来，然后尽欢。灭烛取缨事件不久，在战场上一个小将拼命保护楚庄王，这让楚庄王有些奇怪。一问才知这小将就是那晚吃他爱姬豆腐的人。人家说，感激他宽宏大量，当以性命相报。

看到了吧，人家楚庄王还是一国之主呢，这气都能咽得下，没事人一般。咱小人物一个，地位没人家高，脸面也没人家大，还有什么不能忍的？

人人都会犯错，宽容别人，其实就是宽容自己。当你用美德和宽容来和朋友交往时，朋友感念的是你人格的魅力。而你的大度和原谅，也正好在此时转化为友情的凝固剂。

泛泛而交，对朋友没有选择

常有人夸口说："咱的朋友遍天下，哪条道上都有人……"说话的人很是得意，仿佛自己是世界首富似的。

现代社会，信息快捷发达，人们的交际圈也随着高科技变得更广，有许多朋友，完全属于正常范围。有些人甚至患上了"交际症"，恨不得把所有人都当成自己的朋友，凡跟自己认识的，哪怕只是一面之缘，也敢牛气地宣布说，那人跟自己是铁哥们！

这其实真不值得拽，因为朋友多，并不能证明什么。尤其是像那种相交遍天下的交际方式，更不值得恭维。因为这样的朋友圈里，大部分"朋友"根本就不是真正意义上的朋友，只是相识的熟人，充其量也只是友情泡沫。这些泡沫不但不能给你作为朋友应该给予的帮助和支持，有时候说不定还会把你拖向万丈深渊，让你万劫不复。你说，这样的"朋友"，你有拽的资本和必要吗？

"朋友"遍及各行各业，貌似很威风，自己很成功。但其实你的这个貌似庞大的交际圈，已经给你布下了隐患。一般职业的朋友不管怎样总是安全，不会给你添乱，而"特殊领域"的朋友就难说了。他们就如深藏着毒牙，潜伏在你身边的毒禽猛兽，不定啥时会突然兽性发作撕咬起来，这完全有可能。港台片里演得好呀，那些善良而本真的人们，就因为交上了过多的"黑白"朋友，而被卷进无休止的麻烦和恐怖之中，不但被追杀，甚至还会被搞得家破人亡。若你真遇上这类"朋友"，你累心不？

别说这只是在影视上，要知道，艺术也是来源于生活，生活中没有的事情，导演再怎么聪明，也不可能想到天外去。

所以，有众多的"朋友"未必就是好事，有优秀的朋友才是值得你挺胸骄傲的事。

朋友在精不在多，有卓越见识的人都会这么说，并且，有许多还是经历中得来的经验。千兵易得，良将难求，自古人们就明白这个理。一千个泡沫式的朋友，抵不上你一个真心实意的知已。

泡沫轻浮而飘摇，稍微的风浪，他们就会无影无踪。而当你有了困难，需要帮助时，站在你身边和你同甘共苦的，肯定是朋友中少之又少的知己式良友。

所以，朋友别求多，只求精。

生活中，许多人不肯承认这个事实，总觉得朋友多多益善，直到因为乱交朋友遇到天大的麻烦时，才想起懊悔，但这时却后悔已晚。

肖枫就是这样一位因乱交朋友而被搞得疲惫不堪的人。他是我高中时的同学，大学后大家很少联系。那天突然接到他的电话，声音疲惫不堪，问他发生了什么事，在电话那端他忍不住骂起来，骂自己瞎了眼，也骂"朋友"无人性，害了他。

原来，当年肖枫没考上大学，就开始打工生涯。想到自己人小位卑的，平时就有意地结交各条道上的朋友，觉得朋友多了路才好走，不定哪天自己需要帮助时，这些朋友们会助自己一把。

一天晚上，闲来无事，肖枫便信步上街溜达，想放松一下。走到背街时，肩上被人拍了一巴掌，一回头，发现正是上个月才在酒桌上认识的新哥们，牛虎。这个牛虎，肖枫并不大认得，但上个月在酒桌上称兄道弟后，三天两头给他打电话闲聊，也约他出来吃过几次饭。在他的感觉里，牛虎为人豪爽大气，是个道上的朋友，值得交往。

牛虎满脸带笑，搂着他又是倾诉思念又是表说相思，把肖枫心里热乎得当即就想拉着人家进酒馆，来个一醉方休。寒暄完毕，肖枫问牛大哥干嘛去，牛虎说去装点货，刚走到这就撞上肖枫了。正要走，突然又对肖枫说，要没事，也去帮下忙吧，货多，急着运走，时间紧……

朋友有事，当两肋插刀，何况只是帮个小忙，出把力气流点汗而已，肖枫半丁点没犹豫就跟着牛哥上阵了。来到装货的地点，就在背街一条小胡同内。货就在院子里堆着，几个人都顾不上说话，手脚麻利，不到20分钟，就装载完毕。车子驶出胡同，牛虎感激地拉着肖枫的手，直说要让他去喝两杯。看天色已晚，肖枫怕回家晚，就拒绝了。牛虎似乎特别过意不去，从兜掏出几张票子，硬塞给肖枫，说天也晚了，他就不强求他了，让他自己去喝杯茶，解解乏。

拿着手中的几张钞票，肖枫心中还暗暗得意，还是自己交的朋友爽快。

肖枫爽快的感觉还没落到地上，公安局就找上门了。原来，那天牛虎装的根本就不是他自己的货，他那是偷货！有一户人家，是做山药生意的，那批货是刚加工好的山药，放在自家的旧院子里，准备第二天早上运走呢。但没想到前天晚上放进去，没到第二天早上货就丢了。不过公安局也神速，不出三天，就破了案。牛虎和他的几个哥们相继落网，顺带着把肖枫也给供了进来。

肖枫一下就懵了，他没想到豪爽的牛虎大哥竟然是个贼王！肖枫这一跤摔得惨不忍睹，赔进了几年的积蓄，还落得个贻笑大方。

人在世上，不可能没有朋友交往。但自己得长着透亮的眼睛，不能是个人就当成自己的知交密友。把什么都往篮里拾，能不出事么。俗话说近朱者赤，近墨者黑，交什么朋友，你就会走什么路。

好朋友如阳春三月雨，带给你舒心和滋润，而坏朋友就如毒蘑菇，看上去娇艳可爱，却是送你下地狱的人。

不想让自己的人生路一波三折，就得净化自己的交际圈，品性不好的"朋友"，要毫不留情地拒之身外，这样，才不会因为乱交朋友而给自己造成无可挽回的失败。

朋友多并非就是好事，因为精品只在少数。想要一生平稳，人生灿烂，那就尽早把那些霉心的、烂眼的、坏皮的、空瓤的，都统统挑出来扔掉，只剩下一筐子健康的，再看看，你的生活会是什么样子。

只结交自己喜欢的人

在 100 多个人里面，让你选择朋友，你会选中几个？

有人会说，如果可能，会把这 100 人全发展成自己的朋友；也有人说，那要看缘份，投缘的人多，朋友自然也选得多；还有人说：选几个？如果这 100 多个人里没有我喜欢的类型，那肯定我一个朋友都挑不出来。

第三个好牛气！不喜欢，连朋友都没得做的呀！

不过这也是一种相当普遍的交际模式，不喜欢，就不允许他进入自己的朋友圈。这样的人不在少数，大有人在。

人的潜意识里，都有一股对陌生的排斥和恐惧，而选择自己喜欢的性情相投的人，心理上总觉得可以减轻这些危险性。因为这样的心理因素，选择和自己性情相投的人做朋友，似乎也是情理之中的事情。

但这些人没有看到一点是，只找和自己臭味相投的人做朋友，当然不是什么大不了的错事，但这样做的后果并不是得到，而是失去。

一根筷子很容易被折断，而想折断一把筷子就不是那么轻而易举的事情了。交朋友同样如此，只结交自己喜欢的，和自己性情相近的，只会封闭自己的眼光，把自己变成井底之蛙。甚至还会把真正的有德有识之士拒之门外，给自己的事业和人生造成无可挽回的影响。

那天，接到一个朋友的电话，说在家里小聚，我便赶了过去。在座的都是年轻人，大家说起朋友，一个叫清扬的人红着脸说，交朋友还真是件考验智慧的事，我刚在朋友这件事上栽了跟头，现在想起来还觉得不好意思呢！

原来，这位叫清扬的年轻人，在一家电子公司做营销。为了出成绩，清扬很注重人际交往，觉得朋友应该是多多益善，所以常要求朋友们推荐一些有能力帮助自己销货的朋友。

一天有个朋友介绍给清扬一个叫汪良的朋友，汪良在一家公司做主管，有些说话能力。朋友说，交上汪良，对清扬的事业可能很有帮助。

但第一次见面，清扬就觉得心中不爽。这个汪良，人长得有点难看，个头还矮自己三四公分呢。更让清扬不舒服的是，那天晚上，就只听自己吧嗒吧嗒不停地说，人家顶多就是笑着附和一下。

散场的时候，清扬刚好跟汪良走在后面。汪良看身边没人，握着他的手，笑对他说，让他以后在人多的地方，尽量控制自己的嘴巴，祸从口出，留神才不会出错……汪良的话还没说完，清扬就拉下了脸。清扬心里十分不爽，城府这样深的人，能成为好朋友？一看就是老奸巨滑的人！

一看这架式，朋友就知道清扬对人家不满意，悄悄劝他说，人家就那性格，哪像你张扬得像鸡毛满天飞？人家沉稳，是个办大事的主儿……但清扬根本就听不进朋友的劝说，第一次见面就拒绝了人家做朋友。为了给他们搭桥，朋友很是出力，又扰了好几次酒摊。但清扬只要一看到汪良在，要么是不说话，要么就是爱理不理的，把朋友搞得很难堪不说，也把汪良直接拒在了朋友的门槛外。

世事无常，这话还真是一点没错。那事过了没多久，清扬的公司新出一种产品，急需打开市场。而通过朋友，清扬得知汪良的公司正好需要这种产品。朋友对他说，好歹你和汪良也算是朋友，他在公司里有说话的权力，你不如去找一下他，肯定能给你帮上忙。

清扬一下子就懵了，想起自己从前对人家的不客气，自己都没好意思去找人家，而是间接地托了几个人去找汪良公司另外的人。结果是磨了一个多月，事情没一点进展。再拿不出成绩，自己半年的奖金就会泡汤，清扬别提多郁闷了。

就在这时，朋友对他说，人家汪良已经知道了他的情况，决定向他们公司购买这种产品。但人家汪良低调，虽然打好了关系，但不想出面，让他去找公司采购上的人。那次的谈判非常顺利，清扬知道是汪良在暗中帮的忙。想起从前，他心里就更加惭愧，暗骂自己真是有眼不识金镶玉，放着观音不求去求童子。

不过幸好有朋友的搭桥，清扬最终还是没有失去这位值得交往的朋友。不过这一次教训，也让他真明白一个道理：自己的眼光未必就是正确的，交朋友还得用客观的眼光来评断才行。

生活中，像清扬这样的人还真不在少数。平时总自以为是地认为自己就是老大，别人都得顺着自己，凡事都按自己意愿来办。他们听不进别人的直言，还说人家是挑他的刺。这见识真够浅的，人家要是不把你当朋友，才懒得说你呢，有口气人家自己留着暖肚子不是更舒服更省气？

那天朋友拿来一幅图画和我欣赏。画从正面看是一匹奔腾的骏马，翻转画面，骏马便变成了一缕翻滚的乌云，而把画颠倒过来，乌云就又成了一片成熟的庄稼。一幅图换个视角，就会有不同的效果。交友同样是如此，看朋友，别光看他的一面。换个角度，你会发现，人家身上的优点比你想象得多得多。仅因为你不喜欢人家的一点，就拒绝交往，失去一个品性兼优的朋友，不是你的损失，难道是人家的损失？

人是一种感性动物，有自己的喜好和嗜好，这一点没错，但如果把这种嗜好强加于别人的身上，按自己的眼光来安排身边的事物，那就是鼠目寸光了。光看一种颜色，你还能体会到五颜六色，五彩缤纷的绚美么？

把眼光锁定在你看到的范围之内，一味的自我封闭，只能使自己越来越糟糕，天地越来越狭小。觉得朋友跟自己意见不合，就把人家看成是臭狗屎，那只能说明你自己本身就不怎么样。

也许人家性格跟你不相投，但和你结合在一起，也许正是完美组合呢。就如战国时的蔺相如和廉颇，一个是文官一个是武将，一个稳重一个暴躁，性情可谓风牛马不相及。但他们却成了最要好的朋友，这是因为他们发现了对方最值得成为朋友的那份真诚，所以才能走到一起。朋友交往，讲究是真心诚意，喜好只是附带。若把喜好和习惯当成选择朋友的重要标准，害的只能是你自己。

违背约定，随意泄露朋友的秘密

世上让人颇为不爽的事情，莫过于被出卖；而顶顶不爽的事情，莫过于被一个叫"朋友"的人出卖。

是呀，当你把人家当成好友，一五一十把心中的私密吐给人家，还把自己的计划都交了底。你本以为找到了一个可以和自己一起分享快乐的同行者，没想到人家一转手就把你这些小秘密给转卖了，让你成了公众眼中的小丑，被人像耍猴一样，围观耻笑，这滋味怎么说都不会好受。

这样的事情其实非常多，许多人不顾及朋友的隐私和自尊，自以为是地把朋友不想让人知道的隐私暴露于大庭广众之下，让朋友成为众人的笑料和话谈。

越来越多的人认为，朋友的流失，最主要的原因就是彼此失去信任。没了信任，当然也就再懒得交往下去。当心中充满着被出卖被利用的感觉时，哪怕对方曾经是自己最亲密无间的朋友，此刻都会变成一个让人望而生畏的存在，这是人之常情。

所以，从古到今，自诩为君子式的人物，都挺注重这么一句话：君子之德，一诺千金。他们认为要加强修养，要对得起朋友，严守朋友的隐私，别做失信的小人等等。

虽然人人都很想让自己是个德品兼优的君子，但纷杂的社会，多如牛毛的杂事，你哪能桩桩件件理得清，数得顺呢？升学、评职称、调职、就业，各方面的压力压得你头脑发胀，稍一不留神，就有可能出纰漏，成了罪大恶极的出卖朋友的凶手。这样的"出卖"貌似有点冤，不过说得现实一点，还是自身修养欠缺。

有许多人就因为这样小小的失误或无意识的出卖，成了杀害友情的利刃，不但让他们心生芥蒂，还会发展到面合心不合，甚至心中彼此怨恨，成为陌路。

就这么一次小小的疏忽和失意，就失去了一段弥足珍贵的友情，不管从哪方面说都真是不值得。不得不承认，朋友间的承诺和守信，是多么的重要。也难怪，来自生活的压力随处可见，再让失信的友情来不停地麻烦自己，这种烦乱的感觉，搁谁身上都会感觉不舒服。

"我怎么这么倒霉呀？摊上这种烂朋友……"那天，一个叫小季的朋友打电话给我，不停地诉苦说，他一个相当铁的哥们，竟然一而再，再而三地出卖他，让他真恼火，真想狠狠地抽这哥们一顿。

小季说，这位哥们叫王飞。要说也不是什么大事，不过就是心里不爽。小事都这样守不住自己的口，那要真是大事，还不要了自己的命？这样的德性，怎么让人再对他有好感！

原来小季这朋友，和他是邻居，两人从小一起长大，关系铁得不分彼此。那天下班，小季刚走进家门，王飞就走了进来，约他一起去喝酒。小季说，改天吧，已经约了人了。王飞嘿嘿笑着问他是和谁约会，把哥们都推了？小季就说，当然是和美女了。

其实也还真是美女，是小季的同事。这美女平时对小季挺有好感的，小季虽然早有老婆，但男子都花心，觉得暧昧一下也没啥，就时不时地会和美女去约个会，一起去喝杯茶，唱唱歌啥的。因为是铁哥们，小季也没在意。但没想到，没出几天，那美女就不高兴地对他说，怎么把这事也到处乱讲呢？！小季这才知道自己被王飞卖了。这家伙和别人喝酒喝到兴头上，顺势就把自己的秘密给抖了出来，还七拐八拐地又传到了美女的耳朵里。

被美女狠狠说了一顿，小季这才想起，其实王飞一直有这恶心人的坏习惯的。

自己的私密事，只要王飞知道的，保准别人也都知道。有些事还是特意交待过他别乱说的，但他照样乱说。从前，小季性格宽厚，不觉得怎么样。现在被美女抢白了，不由把旧账也都提了出来，越想越认为王飞让人厌恶，越想越觉得自己真是发晕了，交上这样的朋友。

"既然知道他爱出卖，那就别再对他说什么事情了。"我安慰小季说。

生活中，像王飞这样的人的确有很多，他们随意地散布朋友的秘密，一点遮掩也没有。这倒也不是为了出卖隐私而利己，不过向一些人表明自己同某人的关系如何如何亲密，再就是向人家显示自己真的关系广，知道的多。

这种事情压不死人，却让人心里足够恶心。你说人家把你当成铁哥们，自己人，才会给你说那些小秘密。人家只告诉你，是因为觉得没必要让其他人知道。如果想嚷嚷的人人皆知，人家也不用再麻烦你来倒口，自己去传播不更省事。

所以，当朋友告诉你人家的事情，或者就算是你无意中得到的朋友隐私，最好让自己留点口德，别什么都一锅往外端。这样做，自己得不到任何好处，除了让朋友觉得自己可恶之外，再就是让听到的人也会觉得你这人真是碎嘴，闲话篓，没准从此也开始悄悄提防你，免得被伤害。

到处散布朋友的秘密，说得好听点是有嘴无心，说得实际点就是你这个人素质不行，缺乏尊重人的心。你不尊重别人，别人如何能尊重你？而且，谁也不想自己有个品质如此烂的朋友吧，那不等于是养只虎么，还不如早点散了大家落个清净呢。

品行决定素质，素质决定人生。修养，是朋友间友谊长存与否的试金石。一个没有品行，没有道德心的人，肯定不会有人喜欢他，失去友情也就是情理之中的事情了。

秦朝末年时，楚国有一个叫季布的人，为人豪爽仗义。别看季布只是一个穷老百姓，但人家只要答应别人的事，就是难如登天，人家也要想办法做到。人们都很欣赏季布的这点品德。不久，战火纷起，季布投入项羽部中，献计谋策，让刘邦吃了好几次败仗。刘邦当上皇帝后，翻起旧账，觉得有必要好好教训一下季布这小子。于是，暗中派遣杀手，要杀了季布。

但季布的人缘好，人们纷纷向季布伸出缓助之手，帮他化装，送他银两，让他逃离险地。看到了吧，其实救季布的不是别人，正是他自己的好品性。一个人拥有了好品德，先就赢得了大家的尊重和爱戴。

人家古人都能把品德做得这样好，想你一个现代人，不会比古人差劲吧。何况，你要做的只需加强自身修养，管好自己这张嘴就行。比起上刀山，下火海，简单得多了。如此简单的修为都做不到的话，那失去朋友也就是活该了。

是朋友，就该接受逆耳的忠言

　　自古忠言逆耳，从殷商的比干，到明朝的海瑞等，因为进诤言而丢了脑袋的官员不在少数。为人家着想，反而丢了脑袋，这死得真让人惋惜，也让人不由不替他们难过。不过纵观历史，即进忠言又保脑袋的忠臣良将也并不少，这就不由让人更对那些丢了脑袋的忠臣委屈了。忠言可进，但咋就不会学着人家委婉一些呢？稍微有点脑子，不就能免了皇帝老儿这一刀么。

　　历史上的忠臣并不少，但像比干和海瑞这样下场的，却并不多。原因呢，就是人家会说话，话儿说得好听，皇帝听着舒服了，当然就不会跟人家动刀子了。不但不动刀子，还顺带接受了人家的建议和忠言。人家的目的达到了，还落得了功臣的美名，这生意赚得，钵盂满倾，真是一举两得。

　　忠言很难听，下场很惨烈，所以人人都知道忠言逆耳。为了不让自己有一个四分五裂的下场，一般都不向别人进忠言，只嘻嘻哈哈地装好人。但对朋友，却就不能嘻嘻哈哈地玩笑应付了。看到朋友明显的错误和不足，这错误不但会影响朋友的生活，说不定还会颠翻朋友的人生之舟。如果不进忠言，第一对不起朋友，第二对不起自己的良心。

　　想进忠言，又不想落个被撕碎的下场，那就得懂策略，像古代那些圆滑的忠良一样，把忠言变成个软溜溜、滑腻腻的美味蛋糕，让朋友美滋滋地吞下去，这才算是最极致的忠言法。

但让人郁闷的是，能圆滑的人并不多，所以把忠言变成美味蛋糕的也并不多，自然因忠言而闹崩的事情也就多得多了。

下面这一对，就是活生生的例子。

方明和赵宏是从穿开裆裤长大的朋友，这哥俩的关系还真铁，凡方明在的地方，赵宏必定也在。平时方明家要是有个什么事，一个电话，不出五分钟，赵宏必到。而赵宏有了什么事，一个眼神，方明就能办得妥妥当当。

方明性格豪爽，爱抱打不平，为这点，赵宏就经常劝说他，别意气用事，凡事多想后果。但方明总觉得没事，有时候反而怪赵宏一张乌鸦嘴，净巴望着自己出事。

那天，有个朋友约了他们一起去喝酒。酒桌上，朋友把方明的神通威猛海吹一通，然后说自己被人欺负了，想请方明去帮自己教训那家伙一顿。一听这话，赵宏就赶快给方明使眼色，让他别答应。但方明被人家灌了几杯酒，脑袋热乎乎地胀，还真把自己当成了盖世英雄。二话没说，起身就跟着那人一起去找对手算账。

让方明没料到的是，人家早有防备，他们还没站稳，就被人家砖头瓦片一起上阵，打了个落花流水。方明吃亏最大，不但半边脸被打得肿成了发面馒头，一条腿也被打成了铁拐李。

方明哪吃过这亏，拖着伤腿回到家，越想心里越窝囊，气倒在病床上。一天，赵宏拎着水果来看望方明，看到方明痛得龇牙咧嘴，想到他这亏吃的真不值，就忍不住又说方明："你这人就是没脑子，都给你说凡事三思，你就是不听！现在好了吧，尝到苦果了吧……"方明正窝着一肚子的火气没处撒，一看赵宏这话难听得，顿时又羞又恨，眼前直冒金星，抓起手旁的烟灰缸就砸了过去，不偏不倚，正砸在赵宏的脑袋上。

多年交情就此完结。

事隔多天，赵宏提起那天的事还气得直骂娘，骂方明没脑子，骂自己脑子也进了水，这样的"朋友"竟然还交往了这么长时间，真是邪门了。

方明是没脑子，但赵宏也真是脑子进了水的。你骂方明凡事不三思的时候，咋就没提醒自己说话要讲方式？你以为你是人家朋友，就能在人家受伤的时候再戳上一刀？你认为你的是忠言，就可以不分场合不论形式地宣泄出来？你认为你的是忠言，没准方明却觉得你简直就是在冷嘲热讽呢。

忠言之所以逆耳，之所以让人不甘心接受，一般情况下都是因为你进忠言的时候，正是人家出问题的时候。看到人家一意孤行而惹出的麻烦，你正好借机揪住人家的小辫子，大谈特谈。人家此时心里正因为犯错而心情不爽，头脑发胀，正油煎似的难受着呢。没想到你不但没能安慰抚恤，反而揭人家的伤疤。句句忠言就如利箭穿心，让人家心里不好受，面子上下不来。人家不反击一下，那心里能轻松么？面子上能下得来么？虽然人家也明知道你是好意，但就如拉开弓的箭，不发都不行了。

在中国，自古就有一句话，叫做"良言一句三冬暖，恶语伤人六月寒"。可见说话还真是一门高深的艺术。就是忠言，你也得讲究个说话艺术，把冷硬的话化成春风送进人家耳朵里，让他从里到外都舒坦，他会不把你当朋友，会听不进你的"忠言"？你向朋友进忠言，其实也就是出卖你的交际哲学和交友良方，既然想让人家接受咱们的思想，为什么还把自己当成老大，而低着眼看人家呢？

学学那些把语言的艺术用到极致的官宦们，人家不就是为了自己的利益，而掌握了让人叹为观止的说话的艺术么。别笑人家没骨气，这只是推销自己策略的艺术而已。就是忠言，换上这金色的外套，你看看会是什么后果。

别把自己当老大，朋友是肩膀相齐的，谁也不欠谁。就是忠言，也要让自己委婉一些。你还是占了大便宜的，毕竟，他接受了你，而不是你接受了他。

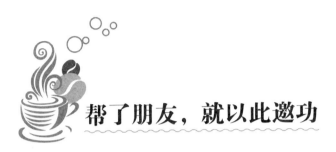

帮了朋友，就以此邀功

朋友间交往，交是的心，交的是情。

情真意切的朋友，常把对方当成自己的手足、亲人。当朋友有了困难，需要帮忙时，他们都会伸出援助的手，尽力相助。而当自己需要帮忙时，朋友当然也会尽心尽力地扶持。一般的朋友间，大都是这样你来我往地交往着情意，用以维持着友情。

在家靠父母，出门靠朋友。这句话实在，因为有时候，朋友间的付出，甚至超过亲人对你的付出。朋友间的付出，大多是不抱着什么收益之类的心情的。他们觉得是朋友就该两肋插刀，帮朋友也是天经地义的事情。

但其实，世上还有一种人，虽然朋友有难时，他们也尽力而为，但在他们内心深处，会把这笔账记下来，装在自己心里。没事的时候，说不定还会掏出来自我欣赏一番。这类人内心深处，总是觉得自己和朋友之间一不沾亲，二不带故的，只不过是认识了，所以就成了朋友。在这样的情况下，自己对朋友的付出，虽然是心甘情愿，但作为朋友来说，他们至少得记着自己对他们的付出，他们得明白他们欠了自己吧？这类人动辄会在朋友面前邀功，时时把对朋友的帮助捞出来表白一番，恐怕人家会忘记，唯恐人家心里不清楚，欠了自己。

把自己对朋友的帮助看成了对朋友的恩赐，觉得朋友欠了自己无限的人情。

既然欠了，那他肯定得想法回报自己，或者得有所表示吧。把对朋友的帮助，定位在"欠"上，这友情可就是变味的开始了。这类人功利心太大，不愿承认朋友间的相互帮助、惠赠，其实是一种纯洁的内心交往，是人和人精神之间的相融，和施舍是两回事。而如果把自己帮了朋友，当成对朋友的施舍，觉得自己在朋友面前劳苦功高，觉得朋友应该对自己的付出有所回报和行动，甚至会借此要挟朋友为自己做某些事情。这样做的结果，要么就是失去朋友，友谊毁灭，要么就是搞得让地球人都知道，自己品性实在不行。

朋友是路，朋友会帮助你走向成功，但朋友也会让你颜面扫尽，无地自容。这句话是朋友小周说的。说这话时，小周显得非常疲惫和无奈，他说他真是吃尽了朋友的苦头，早知今日，悔不当初呀！

原来，几年前，小周大学毕业后，就来到这个城市打拼。初到这里，人生地不熟，小周也一无所有。幸好小周肯干，能吃苦耐劳，再加上心眼活络，嘴巴也甜，到这个城市没多久，就结交上了几个甚是亲密的朋友。朋友中有一个叫阿威的，是个手眼通天的人物，各方面资源广阔得很。

拼了一年多后，小周扯开招兵旗，创办了自己的公司。公司刚起步那会儿，真是举步维艰，没钱、没货源、没销路……也多亏了阿威，需要钱他帮小周去筹款，订货他陪着小周亲自上阵。带着小周会朋友，打门路，一路过关斩将，总算是歪歪扭扭把公司支撑了下来。两年后，小周的公司转入正轨，各方面情形好起来。小周总算长出了口气，每每和朋友们聚会，阿威都会得意地说："小弟，吃水不忘挖井人，你小子，别忘了你是咋起身的！"小周当然不会忘记阿威对自己的帮助，赶快又是倒酒又是叫大哥的，心里对阿威充满了感激。

经过多年运转，小周的公司已经发展得相当具有规模，资产达上千万。小周说，如果没有朋友们，他也就没有现在的成绩和荣耀，但自己也真吃了"朋友"的苦！小周说，所有的郁闷其实都来自于阿威。

这么多年来，自己感念着阿威对自己的帮助，什么事都看着阿威的面子。但这阿威却越来越过分，经常对自己指手划脚的，那感觉就像自己是他的下人。更让小周不爽的是，其他方面倒也罢了，阿威竟然越来越多地干涉起他对公司的管理来。上星期，阿威给他打电话，以命令的口吻告诉小周，他的侄子马上大学毕业，让小周给安排到业务科。说完，阿威还得意地说："小周呀，看老哥支持你吧，连后代都交给你干革命了……"

小周哭笑不得，因为他知道阿威的侄子，学的专业根本就和自己的公司不搭边。另一个主要的原因就是，现在的业务科主任做得相当棒，总不能因为看面子，把一个优秀的管理人才挤跑吧。而把一个毫无经验的人放到公司重要的岗位上去，除了让同行笑话自己无能，还会给公司造成无可挽回的损失。

小周第一次谢绝了阿威的"好意"，但没想到惹恼了阿威。有一次小周宴请朋友，也约了阿威。小周本想给阿威好好解释一番的，没想到阿威根本不给他开口的机会，当着许多朋友的面，指责小周说："我真没想到，你如此忘恩负义！想想当年，如果不是我，你哪有现在的公司？！现在，竟然拒绝我侄子，你那是在扇我的耳光！"搅散了酒宴，愤愤而去。

多年的交情，就此冷落下来。

帮助朋友，是你的义举，但要是认为帮了朋友就功高一筹，那实在是自己的浅见了。一件功德，你可以吃一辈子？

别忘了，在你付出的时候，人家也付出了感激和尊重，这样说来其实是两不相欠的。如果一味地认定朋友欠了自己，而居功自傲，那肯定是把友谊推向毁灭的必经之程。

《列子》里有个故事说，有个叫杨朱的人，有一次路过宋国边境的一个小旅店。他发现店主人有两个妾，一个漂亮一个丑。但奇怪的是，店主人和丑的非常亲，对漂亮的却非常冷淡。他有些不解，就问店主人原因。

店主人回答说："她呀，就仗着自己长得漂亮，整天在我面前摆谱，搞得跟个功臣似的，让我烦！丑的虽然丑，但谦虚卑微，处处待我像主人，我就不觉得她难看了！"

杨朱很是感慨地说："行贤而去自贤之行，安往而不爱哉！"意思是说；看到了吧，对别人做了好事也别忘记尊重人家，这样的人走到哪儿都招人喜欢。

王朔也曾说过一句话："千万别拿我当人。"自己是个人不假，但太把自己当成人，太拿大的话，就有点不靠谱了。

你是帮了人家，但你的帮助只是风，如果没有人家的努力，光有东风，那同样是任何事情也办不成。总归到底，人家的成绩还是人家自己奋斗来的，太把自己当老大，就是否认人家的努力，就是不尊重人家的努力。做到这一步，你不如直接挥手跟友谊说拜拜，不用再浪费其他表情和时间了。

《聊斋志异·考城隍》就劝人说：有心为善，虽善不赏；无心为恶，虽恶不罚。如果把自己对别人做的一切都当做买卖要赚取利润，那跟强卖强买的强盗行径也差不多。

所以，帮了朋友，别自封老大，别把自己高高在上地架起来。因为朋友间的帮助大多是互惠互往的，不定哪天朋友会如数奉还于你。这是古人都知道的理，你看人家是怎么说的：君乘车，我戴笠，他日相逢下车揖。君担簦，我跨马，他日相逢为君下！瞧瞧人家多明白，现在你能力强，帮了我，将来我能力强时，同样会帮你，这就是友谊。

所以，同样的道理，你帮了朋友，朋友自会记在心间，你没必要每天像个提醒神似的提醒着人家，更不必以此要挟，把自己当成恩人来发号施令。否则，你只会失去朋友，栽个大跟头。

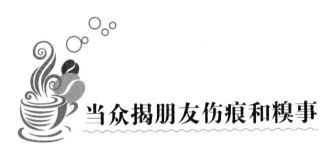

当众揭朋友伤痕和糗事

许多影视剧中，常有这样的画面，两个亲密的朋友相见了，在彼此的胸上捶一拳，或者来一句亲昵的骂声。这些行为，很好地体现了朋友间的亲密无间，不但让人接受，也让人心里颇感舒服。

生活中也常有这样的场景，好朋友聚会，给某个人开个善意的玩笑，或者讲一下他童年的糗事，或者揭一下他的隐私……这样的事当然会让听的人哄堂大笑，被讲的人面红耳赤。但这样的行为，有时并不让人反感。让朋友有一些小小的难为情，或者在众人面前不给朋友面子，有时，并不会让人们觉得接受不了。大多数人在心里这样认为，觉得这样才是亲近朋友的表现。而那些当众出朋友丑的人心里说不定更会认为，看我离你近吧，连你的私密事都知道呢！他们觉得，只有这样，才更能体现自己和朋友间的亲密无间。

但什么事都有个度，要不怎么会有物极必反这个词呢。凡事过了头，那就会走向极端，由好事走向坏事了。

世上最让人难堪和不舒服的事，就是被当众打脸和揭短。当众给朋友难堪和揭短，其实就是直接把刀锋对准了人家的脸面。也许你说一次，朋友不在意，说两次，没伤到人家深处，但再说下去，后果就严重了。没准人家心里已经开始把你列为头等恶人，虽然还没拉下脸，但其实心里早就开始咒骂你了。

历来，中国人是最看重面子的一个国家。在某些人看来，面子似乎比身家性命更为重要。就连鲁迅笔下的阿 Q，也知道面子的重要，被人家骂了，还要变相地说，人家鲁老爷跟我说话了……

想象一下这样的场景：一个场面热烈的聚会中，正当一个人得意洋洋地诉说着奋斗历程和光辉业绩，作为最好朋友的你，竟然搞起突然袭击，拎起人家早年曾因偷盗而入狱三年的前事。你投出的重磅炸弹一下就炸翻了所有的人，人们心里顿时泛起五味粥，原来这么英雄的人物竟然有着这么不堪的往事呀。顷刻间，尊重、敬仰，全没了，人们投向他的全是不屑和耻笑。你说，这样的事情谁能接受得了？人家在心里不和你势不两立，不共戴天才怪。

因为过度玩笑或者乱揭朋友伤疤而引起流血事件，或者把多年友谊瞬间扼杀的事情，比比皆是。朋友间的糗事和隐私，就如枚枚杀伤力巨大的隐型重磅炸弹，标签应该是小心使用，若非苦大仇深，尽量不用，免得杀伤过大，造成误伤。

中国的神话故事美兔绝伦，但就是在美丽的神话故事中，有关面子和尊严问题，也是十分严重。在龙的传说中，有这样一说。在龙的咽喉下一尺左右的地方，有一缕鳞片是倒着长的，这缕倒长的鳞就是龙的威严鳞和耻辱鳞。这个地方万万不能触摸，常有侍者在服伺龙时，不小心触到龙的这些威严鳞，于是被龙生生活吞下去。看看，多可惜，好心没得好报，就因为摸了不该摸的地方。

朋友的隐私和糗事，其实就是这些倒着生的逆鳞。你为了和人家拉亲近，就故意提起人家的童年糗事或过往隐私，这不明摆是哪壶不开提哪壶么。遇到豪爽大度的，一笑了之，遇到有心病且小心眼的，那后果就严重了。

因感觉失面子而杀死亲朋好友的人，多得数不清。在中国历史长河中，有好多皇帝是农民出身，然后成了皇帝的。比如朱元璋吧，没成功的时候，他是很在乎他们这个身份的，苦大仇深地对人宣传，我受了多少年地主的欺压和迫害，大家呢，也是和我一样的受苦人。现在，我揭竿而起，带动大家一起去报仇。咱们都是劳苦大众，那劲得往一处使，心往一块用！

这招还真管用，都是劳苦大众，谁没受过地主的气？于是，一呼百应，天下大众都跟上去成了同盟军。起义风风火火，经过浴血奋战，还真成功了。于是，揭竿者成了皇帝，风光又威武，转眼间，人家就成了天下第一。

这时候，可谓今非昔比，聪明的人可就千万别再提人家当农民时那些陈年旧事，否则，迎接你的很可能就是喀嚓一声。

但就有些人糊涂透顶，不明白这个理，还觉着自己曾和人家是同乡，曾同甘共苦过，就找上门来了。在大殿上，眉飞色舞地说，当年咱们俩在一个村子里，怎么怎么的……得，话还没说完，人家老朱皇帝就不高兴了，大喝说：这哪来的骗子，拉出去斩了！

瞧这小命丢的，你说冤不冤。

被人击中痛处，犹如蛇被打了七寸，你都伤到人家最痛处了，人家能不还击？所以，为人要学聪明，就是和朋友交往，也要记得给人家留些面子。在朋友看来，那些糗事和隐私，是家丑，只能深深遮掩起来，决不能随意拿出来晾晒，这就是交友潜规则。

你既然想和朋友亲密无间，就得尊重朋友的隐私，替他们维护面子，别揭人家的短，也别拿人家曾经的糗事当笑料来谈。

那些糗事和隐私，偶尔提一次行，但千万别让自己滑了嘴，成了自己和朋友交往的招牌，那只能害自己。

所以，再好的朋友，你也要让自己懂得潜规则，管好自己的嘴。要明白，祸从口出，朋友间，就更得注意。

朋友面前，就该肆无忌惮

朋友间怎样做才算是亲密无间？朋友之间的亲昵，应不应该无度？貌似许多人都为这样的问题烦恼过。他们认为，既然咱们是亲密的朋友，那咱们之间的关系可以无限透明，彼此应该亲密到看清对方的每一点。

既然能亲密到如此，那么，咱们之间自然应该是了无隔阂，甚至也可以肆无忌惮。似乎只有这样，才能证明彼此的友情深厚和关系亲密。

于是乎，在这样的思维引导下，有些人就表现得让人感觉可怕起来。他们在朋友们的面前，一点都不顾及形象和影响，把自由发挥到极致。他们可以当着许多人的面，和朋友调笑无度，甚至开些恶意的玩笑。到了朋友家里，比在自己家里还自由，由着自己的性子，想怎么着就怎么着。

他们自以为这是在朋友们面前充分展示一个真实的自我，觉得这样做就是和朋友心无隔阂。其实不知道，他们的这番行为已经引起朋友反感，甚至是深深的厌恶。

太真实了并非是好事，何况还是把自己的没修养和没有道德心当众来表演。

不管古代还是现代，都是需要一点点的虚伪的。稍微的虚伪心，就是让你掩藏起自己的一些不好的恶习，只把美好的一面展示给人们。交际场同样如此，人们都希望看到朋友彬彬有礼，温文尔雅。你就是鲁智深，也不可能对每一个朋友都要赤裸上体，挥拳相向吧？这样的情况，你就是再仗义豪爽，恐怕也不会有一个朋友能留在身边。

别以为你真实了就是可爱，其实有时候，真实让你误入歧途，害人不浅。你在朋友面前太随意了，除了让人家感觉你的不尊重，恐怕还会把自己的形象也打上黑勾勾。这时就不是亲密无间，而是过分小人了。

别自以为是地认为，在朋友们面前就可以肆无忌惮，别以为是朋友就会容忍你的一切。什么事都有个度，太过了，也就离物极必反不远了。朋友之间，是可以偶尔轻松一下，不必太做假，但这真实不能碰撞到朋友忍受的底线，否则，自己种下的苦果，只能由自己来品尝了。

方琳和江姗多年友情的分裂，竟然是发生在方琳的生日宴会上，这让许多朋友瞠目结舌。但说起那天的经历，方琳还是满肚子的委屈，觉得自己受了莫大耻辱。

方琳 24 岁的生日晚宴，几乎足足设计了半个月，不但邀请了几个自己非常亲密的小姐妹，还拉来了自己的男友吴宏远。按方琳的设想，这个生日晚宴是自己婚前的最后一次风光，一定得留下一个美满而绚烂的光辉印象才行。

为了让方琳过好婚前最后一个生日，几个小姐妹到得都非常早，布置客厅的布置客厅，整理房间的整理房间，忙得不亦乐乎。但刚干了不到五分钟，方琳就惨白着脸尖叫起来。原来，负责收拾房间的江姗，竟然把她刚刚放在圆桌上的一束白色花给扔到了垃圾桶里。江姗振振有词地说："今天是你生日，大喜日子，干嘛非要放束白色花？不吉利！"方琳心中非常不爽，因为那束花是特意给未婚夫准备的，未婚夫喜欢白色花。

而更让方琳不爽的还在后面。生日好像是江姗自己的，她把方琳已经布置好了的地方也重新摆设，全按着她自己的意思来办。房间没整理完，方琳的嘴就撅起来了，只是碍着其他的姐妹，隐忍不发罢了。

不大会儿，客人们都到齐了，大家推杯换盏，气氛非常热闹，不停地夸方琳漂亮，还有一双巧手，做了这么多好吃的菜，听得方琳心里美滋滋地舒服。正舒服地享受着别人的夸奖，身边的江姗突然哈哈笑着说："她呀，笨得像头猪，今天的菜有一半是在餐馆预定的,剩下的一半都是我和其他姐妹的功劳。不过这也难怪,人家方琳有福气,我们几个,简直就是她的老妈子了!"方琳没想到江姗会这么说,尴尬地望着老朋友,脸上明显地不悦起来。

吃罢了饭,几个姐妹说得来点刺激的,江姗顿时来了兴致,说要么就提前闹洞房吧,今天得让吴宏远出出丑,先给他来个下马威,免得他以后欺负咱们的好姐妹。一声令下,几个人就揪住了吴宏远当众拖起来。嬉闹中,吴宏远衣服的纽扣被扯了下来,江姗更来兴趣了,说今天非宰吴宏远不可,要他答应请她们到酒吧去彻夜狂欢。吴宏远还没来得及答话,掉了扣子的衣服就被江姗随手抓了过去。看到吴宏远露出里面的内衣,人们顿时疯狂地笑起来,因为吴宏远竟然穿了一件雕花红色内衣。江姗哈哈大笑着,又伸手去抓吴宏远的内衣,口里还一边说,没想到你这哥们喜好这一口,让我们验证一下,是不是女同志装扮的假小子…,"够了!"一旁的方琳忽然吼叫起来。她觉得江姗实在太过分了,竟然不给她和未婚夫一点面子。未婚夫身上的内衣,其实是她让穿上去的,说是情侣装,为了表示亲密,她把自己的内衣和吴宏远的换着穿了。

江姗根本就没把方琳的恼怒放在心上,依旧不依不挠地向吴宏远抓去。在她看来,方琳根本就是为了维护自尊在假装生气而已。吴宏远的内衣被江姗生生扯了下来,吴宏远满面通红,转身要走,却被江姗一把抓住了。江姗说既然都脱了一半了,还怕什么羞呀,说着就把吴宏远按在了沙发上。一旁的方琳再也忍不住了,指着江姗的脸骂起来:"太过分了,你滚!滚!我再也不要看到你!"

人们一下静下来,江姗这才知道方琳是动了真格的。看着各种各样的目光落在自己身上,江姗顿时又羞又气,一跺脚,冲出了方琳的家。

两人从那天起,谁也不搭理谁。江姗委屈地说:"我是把她当成自己人,我哪样不是为她好?没想到她竟然如此小心眼,真是狗咬吕洞宾,不识好人心!"

方琳比她更委屈:"她哪是朋友?她把我和吴宏远都当成猴子来耍了!每次来我家,简直就把我家当成她的溜狗场啦!她太不尊重我们了!这样的朋友,不要也罢!"

方琳越说越气，顺带着把江姗从前的种种不堪也都拉了出来，那情景就貌似江姗简直不是她朋友，而是一个十恶不赦的女魔头，大混蛋。

方琳的气愤，人们都能理解。谁都希望被尊重，被高看，而这一切，在江姗那里，她根本就得不到。江姗是太把自己看成自己人了，不但承包了方琳的身外事，连人家的隐私也一并承包下来并肆意发挥了。再亲近的朋友，也亲不到毫无缝隙的地步。连连触撞人家的防守底线，搁谁能受得了？

所以，别以为是朋友，就可以随心所欲，就可以肆无忌惮。那样做，其实不是把朋友当成自己人，而是把自己降到了毫无人格尊严的地步。别把朋友当成自己的私有财产，离朋友远一点，约束自己一些，是修养，也是照顾朋友的手段。

自己有难，朋友就该无条件相助

人在江湖，朋友是一杯壮行的酒。许多时候，当人们遇到困难或者需要帮助时，他们首先想到的不是亲人而是朋友。而真实的情况也是，有时候来自朋友的帮助，其实要比亲戚给予你的要多得多。

曾有一个朋友这样说："我每有事情，说实话，家人和亲戚都几乎没给我帮助，都是朋友们帮我度过难关。"由此可见，来自朋友间的帮助是多么的巨大。这也足以说明，朋友有时候真是你的左右臂，是你腾飞的助飞器，是时刻温暖着你的同路人。

虽然朋友是社会上给予你帮助最大的人，但并不是所有的朋友都可以为你倾情付出的。也经常听到有人这样抱怨说："什么朋友呀！跟他们说点儿事，都等于白说，一点儿忙也帮不上，这还算朋友？"

这样的人感觉很委屈，貌似朋友没有帮自己，就不能再称之为朋友，好像朋友都是抱着虚假的面孔来应付他似的。其实，他没考虑到朋友的难处，如果朋友根本就不如你，他如何帮你？在条件处处不如你的情况下，人家想要帮你也只能是心有余而力不足。

每人都有自己的一个天地，你不是他唯一的朋友，他也不是你唯一的朋友。

有时候，当你需要帮助时，或许他刚刚帮过别人，已经没有能力再为你做出贡献了。或许他能力、经济根本就不如你，根本不能满足你的需要，这样的情况，他当然只能是遗憾地旁观了。

所以，虽然朋友间互相帮助是天经地义的事，但人家没帮你，也没必要心怀怨恨，骂骂咧咧。因为这不但于事无补，还会毁坏了你们的友情，把朋友变成陌路人。

理解和尊重，是朋友长久相处的良方，而猜疑和强迫，则是失去友谊的利箭。

我有一个同学叫吕润生。润生平时豪气大方，喜欢结交四方朋友，三天两头和朋友下酒场，进歌厅。对于他这一点，也有朋友劝过他，说别有了钱都扔在酒场上，得留着些，万一自己有难时，能应个急。但润生一点都没听进别人的意见，反而说，有这么多朋友，怕什么？我有了困难，我敢保证，那些朋友们肯定不会袖手旁观！

瞧瞧，这多自信。

人在红尘中，哪能会一帆风顺直到老。没多久，润生还真出了问题。问题来自于润生的女朋友。他俩都谈了好几年了，但因为没有房子一直没结婚。润生能等，人家女方家不愿意了。女孩的母亲给女孩下了最后通牒，让润生半年内买好房子结婚，否则，就让女孩另嫁他人。

润生当然不想失去女朋友，于是赶快看房子。还别说，没多久还真看中了一幢房子，装修、地理位置等各方面都让他们满意，但人家要他一笔交清房款。润生这下才有点慌神，这些年，虽然他挣的不少，但也花了不少，现在他根本没能力一下子拿出30多万的房款。危难之中，润生想起那些朋友们，于是，赶快一个个打电话，让朋友们帮自己凑一下房款。

还别说，朋友们还真仗义，你一万，我五万，没几天钱就凑得差不多了。润生心里美滋滋的，数数手中的钱，再有五万，就搞定了。能借的都借过了，他突然想起还有一个叫李帅的朋友，因为出差，这事没跟他打过招呼。而当初李帅进公司时，自己还帮他出了力呢，搁这层关系，李帅说啥也不会不帮自己的。

打听到李帅出差回来了，润生连夜到了李帅家。没想到李帅没听完他的话，就皱起了眉头。李帅对他说，虽然自己家庭还算不错，但上个月，自己刚在新区看中一所房子，交了十几万的首付，自己手上是没有现款的。而家中的经济大权，一直是父亲掌握的，五万元，他得先征求父亲的意见才行，让他回家等消息。

第二天，李帅就把电话打过来了，说问过父亲了，父亲不同意往外借钱。其实润生是满抱了希望的，没想到李帅一下给他个透心凉，没听完李帅的电话，他就砰地挂了电话。

为这事，李帅一直感觉不安。那天拿到薪水后，赶快给润生打电话，说请他吃饭。但润生一听是李帅，理都没理他就关了机。李帅只好找了几个相好的朋友，让他们去约润生，想解开这个疙瘩。那天，润生倒是去了，却当着大家伙的面，把李帅给骂了个狗血喷头，说他是忘恩负义小人，没有人情味，也不想想当初是怎么走进公司的……

润生是解了气了，但他却也蓦然发现，从前的好几个朋友突然和自己生分起来。原来，那天晚上他的怒骂，也同时伤了那几位的心，都觉得他太过分了，有些怕他，也怕将来自己万一帮不上他的忙，遭到和李帅同样的下场。

这朋友失去的有些可惜，自己的形象丢的也让人叹气。朋友之间，人家有能力帮你，那是你的运气，不帮你，那是人家的自由，你犯得着把人家的祖宗八代都从坟墓里拖出来骂么？这样骂，你是解气了，却把你的人格降到冰点，怎么会不让朋友们感觉寒心。

别拿着借口说，是朋友就得无条件帮我。说白了，人家只是和你在一条路上赶路的人。既不是你的衣食父母，也不是你的血脉兄弟，走到路尽头，你们就会各奔东西，人家凭什么要为难自己来帮你？

要明白人在江湖，身不由己，要理解朋友也会有难处，也不是千手观音，想怎么就能怎么着。若因人家一时没能满足你的愿望，你便又是断交，又是斥骂，只能说明你是小心眼，人品有问题。

己所不欲，勿施于人。当你认为朋友应该满足你一切要求时，先想一想，你能否这样对朋友？

而且，最重要的一点，别把朋友看成是你的免费仓库，更不是可以任意取存的储蓄所。他们也有他们的生活，有自己的一份天。在打理好人家自己的生活时，才能顾及到你，这是很正常的。让人家抛开自己的生活和家人来照顾你，这纯粹是你的自私。

朋友交往，最基本的条件就是相互尊重，勉强人家做为难的事，这算尊重么？

朋友的意义，并不是在你遇到困难时，他第一个来帮你。而是当你需要帮助时，他会尽力来帮你。当然，朋友没有能力时，另当别论。

别勉强朋友，这是尊重朋友，也是尊重自己，更是和朋友长久相处的良方。

与朋友斤斤计较，不能吃亏

世界上什么人最富有？有人说，是有众多朋友的人；也有人说，当然是百万富翁了；还有人说，是那些知识精英……这些都对，但最富有的其实应该是那些品性兼优，生性豁达的人。

而最清贫的人，恐怕就是与之相对的那些爱计较、怕吃亏的人。这类人，吃一丁点儿的亏都会嚷得地球都知道。这类人因为计较，不但让自己整天处在委屈郁闷中，还会搅得别人心情也不爽。

一个小鸡肚肠，事事爱计较，心胸不豁达的人，除了让自己清贫，最大的害处，就是让别人都害怕他。这样的人，每天做得最多的事就是斤斤计较，他们眼里看到的都是不平事，遇到的都是不真诚的人。他们总是愤怒，爱钻牛角尖，认死理，别说对陌生人，就是朝夕共处的朋友们，他们也都隔着一条心。遇到事一是一，二是二，分得清清楚楚，生怕自己吃了针尖大的亏。

和这样的人交往，大多时候郁闷多于欢乐，烦躁多于轻松。本来交朋友是为了放松和愉悦，得不到这样的效果，除非脑子进水了，才会有心继续和他做朋友。

试想，当你和几个要好朋友聚会，大家正在畅谈，突然有一个人絮絮叨叨地说起上星期他去买东西，被人少找了五角钱；又说前天和你们几个一起去吃饭，临了却让人家去买单……如此乱七八糟的事，他觉得委屈万分，你们的好心情也被带累坏，一场本该带给人轻松和快乐的温馨聚会就此结束，你的心情还能高兴得起来？

如此煞风景的人，生活中很多。这些人每天就记得自己的油盐酱醋，每时每刻心里都在盘算着自己在什么地方吃了什么亏，得怎样想法把这亏弥补起来。得，听着都累。为了让自己轻松起来，离开这样的朋友也在情理之中了。

纵观历史几千年，那些心胸豁达之人，大多是有勇有谋，胸纳百川之士。这些人不但把自己的人生打理得尽善尽美，大多还会在事业上做出一番创举。春秋时期的范蠡，政治上有大作为，帮助越王成就大业。但在功成名就之时，人家全身而退。出没于商场，隐转于山水。三次经商成为全国首富，却三次散尽家财，被人称为商圣、财神。

想想现实，你不过是和朋友聚会多买了一次单，或者别人借了你的东西忘了还你，就值得耿耿于怀，时时喋喋不休么？与范老先生的政治前途和无以数计的金银财宝相比，你逊色了多少呢？

所以，想让自己富有，想让自己有一个完美人生，那你就得有气吞山河的壮阔胸怀，有大肚能容天下难容之事的气质，否则，很有可能你的下场就是不但一事无成，还把自己搞成孤单一人。

小琦就是因为太爱计较，不但让自己不舒服，还把朋友们弄得一个个远离自己而去。

那天，他来找我诉苦，郁闷地说，真想不通，自己也没得罪朋友们呀，怎么现在明显感觉到他们都对自己爱理不理的。其实，小琦的情况早在朋友圈中传遍了，大家对他的印象坏到不能再坏，他自己却还蒙在鼓里呢。

小琦要说人不坏，但就是太爱计较。朋友们如果约他去吃饭，他必定要带上老婆孩子。按他的话说，就是自己人小肚也小，不带个人，就太吃亏了。而更让人好笑的是，如果是他做东，那得，你看吧，桌上的菜大多是便宜实惠的家常菜。换了别人做东，他却会抢着点菜，点的都是高档的。人家都有眼睛，谁看不出他的小九九？

　　小琦的朋友大多是做个体生意的，看到小琦和老婆双双在单位，挣的死钱，一个朋友就好心拉他一起去做生意。生意是不错，两人也挣了许多，最后分金时，朋友的意思是本钱是二人共出的，利润也平分，这样显得公平些。没想到小琦却突然从包里拿出一个账本说，亲兄弟也得明算帐。然后一一列出，朋友在吃饭、交际时比自己多花了多少钱，有些不是用到生意上的，得朋友自己出才行。

　　一看这架式，朋友笑了笑，二话没说，掏出几张钞票就给了他。但从那时起，朋友再也不拉他一起做生意。后来朋友间说起这事，其他人说："穷死他活该！一分钱看得比命还重要，这样的人能共事？他咋不说我投资资源和人际关系，挣的钱却是和他平分，这公平不？"

　　知道他爱算计，有一次，几个朋友就故意气他，让他做东请吃饭，但在点菜时却不让他插手，几个朋友抢过菜谱，一气下去点了十几个高档的菜肴。没想到吃过饭第二天，小琦就挨个借了朋友们的钱，一直拖了好几年才还。朋友做到这份上，真没一点意思了，继续做下去，也没有必要。于是，朋友们就开始借故疏远他，不到半年时间，他就真成了孤伶伶一个人。

　　事事算计到骨髓里，你不累，朋友都感觉累。

　　总认为自己很聪明，满脑子算计着如何不让自己吃亏，如何占便宜，其实人心都是一样的，你在占便宜的时候，必定是朋友吃亏。你吃了亏心里不舒服，但朋友一直吃亏，人家心里就会满意？

　　事事爱算计，看似很聪明，其实是很愚蠢。这样做只能让大家对他反感，而造成一切资源和人脉远离他们，因为人都怕被算计。

　　李嘉诚有一句话说得好，对人真挚，做事认真，多结善缘，自然多得人的援助。真诚是什么？就是朋友有难你伸出手，需要帮助时你义不容辞。但一分钱你就能计较半天，朋友有难时你会慷慨出手？恐怕在你出手时，会同时算出这笔帮助朋友应付给你的利息吧。站在朋友的角度，本身就在难关处时，还要再加债中债，这样的帮助不要也罢，省得一辈子都欠着人家的人情，一辈子仰头看人家脸色。这样对朋友，能算真诚？

你连对朋友都做不到真诚，还能交到善缘？结不到善缘，反而会树立更多的对立面。人家表面对你嘻嘻哈哈的，心里恐怕早已是不满了，巴不得离你越远越好呢。

凡事斤斤计较的人，眼睛只看得到手心里一点，心胸狭窄，看不到手掌以外的世界和财物，不是没有头脑还是什么。

而真正有出息的人，眼光放得长远，所以成功也就更容易抓到手中。心胸开阔些，朋友看到的是你的美，你的善良，而这些，才是打通朋友通道的金钥匙。想要让自己活得舒服，过得滋润，首先就让自己学会不计较。计较来计较去，只会把自己计较成葛朗台式的人物，除了浪费生命，什么也得不到。

一意孤行，强迫朋友听自己的

　　身边的朋友，总是性格各异，就如一个奇特的商店，琳琅满目啥都有。有的温柔，有的沉稳，有的豪爽，有的直接……这些性格，不管哪一样，都能让人接受，不会给人压力。但有一种性格，却总会让你感觉不舒服，那就是自我意识过强，总爱以自己为主，凡事都要大家听自己的指挥才行。

　　如果在朋友圈中，一不小心溜进一两个喜欢一意孤行的朋友，那朋友们恐怕就得告别舒心而畅快的交际氛围了。你想，每天受着他强制般的荼毒，必须得臣服于他的意志之下，把你的想法和建议置之不理，貌似你连一件摆设也不如。这样的情形，搁谁能舒服？

　　朋友交往，讲究的是个性平等，相互尊重。若把自己看成老大，总觉得别人都是傻瓜，没脑子，谁离了自己都会活不下去，这样的行为，只会给大家徒增厌恶，真感觉不到好处在哪里。

　　人人都有自己的大脑，都会安排自己的生活和一切，其实人家根本就不需要你来指手划脚，唾液横飞。

　　事无巨细都自己拿主意，把别人当成股掌中不谙世事的孩童，只能说明你的目光短浅，过于武断。

这样做的后果其实很危险，因为谁都喜欢自由，没有谁会认为自己天生下来就是没有脑子的木偶。其实就是木偶，也是有脑子的。比如皮诺曹，地地道道一个真正的木偶，但人家为了摆脱别人的掌控，还千方百计想办法变成人，让自己的头脑主宰自己生活中的一切呢。木偶尚且如此，何况是一群活生生有脑有手有胳膊的真正的人。

这样的人看似热情，其实是自大。他只是站在自己的视角内，看不到客观，因而总喜欢把自己的意志强加到朋友身上，这真是朋友的悲剧。

这样的人有时会自得地说，别不服，我就是当领导的料。看到美国的总统林肯没，我就和他一样的性格。林肯有时候倒是显得比较独断专行的，比如有一次他召集幕僚议事，事关他的一个重要法案。虽然法案是总统提的，但幕僚的意见却并不统一，大家争执起来，好久都决断不下。

林肯在一旁听了他们的争议，然后说："虽然这个决议只有我一个人赞成，但我还是要宣布，这个法案通过了。"貌似非常独断专行，但其实人家当时已经看清了，虽然幕僚们争得激烈，但他们未必真正领会了这议案的精神。看到别人反对，也想有自己的意见，当然就人云亦云了。而林肯却能在众多的反对声中，看到事情的主流，为一个国家着想，考虑到全民生计，当然不能跟着随波逐流，必要时就得自己拿主意。

但你只是一个小老百姓，你处理的也就是几个人之间的私事。人家的生活，都会有人家的主张。你非要按你的意思来办事，怎么能让人家心情舒爽呢？

有一天，一个朋友就十分郁闷地告诉我，他们那个朋友圈，真被一个这样性格的朋友搞惨了。朋友苦恼地说，这位哥们叫流云，名字起得好，但性格却一点也不"流云"。星期天，大家决定徒步到郊外，除了观赏一路的景致，也想到郊外亲近大自然。建议很好，大家一致同意。但在出发时，流云却说，到郊外肯定得花大力气，所以得坐车去，省些力气好到郊外疯。他没容大家有考虑的机会，就拦住了公交车。

来的时候，大家都没带吃的东西，本来是准备在沿途的便利店买的。结果，公交车根本不会因为他们几个人而停车让他们购物。一路跟着公交跑，不但没能欣赏沿途的景点，也没能买上吃的东西。到了郊外，几个人又累又饿，心里直抱怨流云不会打算，害得大家受苦。

晚上，大家拖着疲惫的脚步返回城，说就近找个餐馆填饱肚子再说。流云却说，都快到家了，再给别人送钱不值得。他有个朋友是开餐厅的，到朋友的餐馆就餐，肯定是省钱又实惠。大家饿得实在不想多走一步路，但架不住流云软磨硬拖的，只好跟着他又多走了半个多小时的路，来到他朋友的餐馆。让人郁闷的是，餐馆是他朋友开的不假，但他朋友几天前就外出旅游了，留守的小伙计半点面子都不看，价格报得高高的，饭菜却比别处差了许多。饿着肚子赶到这里，吃下一肚子的气，大家顿时都不高兴起来，但碍着朋友面子，不好发作。可是下次朋友出游，却一致把流云排在圈子之外，都说嫌他事多。

圈中一个朋友结婚，要装修房子，流云比人家还操心，说他懂，硬拉着朋友去他挑好的店买瓷砖、建材。结果，买回来的东西并不尽如人意，搞得人家女友直跟他急，说，流云是你爸？你那么听他的！

朋友间交往，大家想得到的，无非是一个轻松自由的环境，来释放自己生活中的各种压力。但你却一次次违背大家的意思，让朋友们臣服于自己的意志之下。一次，大家可能容忍你；两次，大家可以原谅你，但到第三次，不堪重负的朋友们可能会选择离开，就是对你此种行为的最好回报。

有为大家做事的心是好的，但你得考虑大家的处境，站在他们的立场上考虑一下事情。别总认为自己一切都是对的，非逼着大家按自己的意思办，这样只会让大家反感，得不到任何高评。

几个人在一起处事，当大家意见不统一，至少得少数服从多数吧，怎么就你一个人说了算呢？这其实是轻视大家的存在，蔑视大家的智商，把自己看得太聪明，其实更证明自己的目光短浅，眼中没有他人。

当你想成为大家的领袖时，最好先看看自己有没有气吞山河的雄才大略，自己的观点能否得到大家的赞同，自己的建议能否给大家带来眼睛看得见的好处。

如果没有，你还是省省吧。大家也许缺一个可以倾心交流的朋友，但绝不缺一个对他们指手划脚，命令他们的"主子"。

人人都希望自己活得成功，有可以倾心交流的朋友。谦虚和真诚，勇于接受其他人意见，永远是朋友圈中的主流。一个随和大度的人，总会让大家不由自主地喜欢他，因为他会让大家轻松，让大家感觉安全。所以，想得到大家的喜欢和爱戴，最好的方法就是先检查自己的性格，从随和做起。

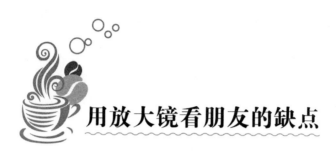

用放大镜看朋友的缺点

你有没有和患有洁癖的人同处一室过？那种难堪和不自然的感受，恐怕会让你记得一辈子：你身上挺干净的，但他偏就觉得你身上有脏的东西。人家拿眼直巴巴地盯着你，生怕你乱走乱动，沾脏了房间里的其他东西。当你口渴了或者饿了，需要到厨房去端杯水或者拿块面包。但你还没起身呢，人家就尖叫起来，怕你因为走动而带动房间内的灰尘，怕你身上的那股脏味儿因为空气的浮动而飘得满屋都是……

这情景，别说轻松二字了，恐怕死的心都有了。是呀，咱明明就是一个正常、健康而且洁净的人，在他眼里却比垃圾还不如，你说这感觉能好受得了么？

生活中，患有洁癖的人让人难以接近，而交际圈中，传染了"友谊洁癖"的人同样让人难以忍受。患有友谊洁癖的人，心理上总是认为自己的朋友不够优秀，他们身上总是有着这样那样的毛病，怎么看都感觉浑身不舒服。他们甚至不停地郁闷，觉得自己如此优秀、完美，怎么所结交的朋友都不尽如人意呀！

他们总是一厢情愿地要求朋友一定十全十美，没有一丝瑕疵。却忽略了一点，忘记了人无完人这句话。何况，在他们努力要求别人的时候，他们自身已经出现了最大的问题。

爱美之心，人皆有之。但你不能太追求完美，因为这世上根本就没有完美的东西。高标准地要求周围的一切，只会给自己套上枷锁，把自己的朋友赶得远远的。因为每个人都可能有着这样或者那样的缺点，按你的挑剔，肯定不会满意，你自己心中不爽。而你在要求别人的时候，人家心里也不爽快，会暗自郁闷，怎么会遇上这么一位吹毛求疵的朋友？

过份追求完美，就如拿着放大镜看周围。把朋友身上一丁点的小毛病，都看成是不可饶恕的罪过，不但惹得自己不快乐，也把朋友搞得尴尬不已。

邻居家的小伙子李向涛，就是因为过于追求完美，几乎把朋友都得罪了个遍。

向涛正读高三，成绩很棒，每次考试都在前三名。但这样一个品学兼优的学生，却没有朋友。一个班中，和他谈得来的同学超不过三个。提起他，同学们都摇着头，苦笑着说，人家是圣人，俺们是浑身长刺的毛球、草根，怎么能跟他在一起混呢。

原来，是李向涛太挑剔了，把朋友们都挑剔光了。

刚到一中的时候，大家其实都喜欢向涛，觉得他成绩好，长得也壮实，一脸的憨厚相，肯定能成为一个说得来的哥们。但几次交往下去，同学们一个个寒了心，离他越来越远。说起他的怪毛病，同学们都觉得委屈。

小周说："他就是太小气了，整个就把自己看成是圣人，别人在他眼里都是垃圾！"小周说，有一次大家约他一起去滑冰，刚到溜冰场，李向涛就对着一个同学直皱眉头，嫌这位同学穿的衣服邋遢，说人家是个浑身掉渣的老土，又脏又没礼仪。得，去滑冰要什么礼仪呀！那位同学当即就不高兴了，扭头就走。

他的同桌是个女同学，人家性格好，和班上几乎所有的同学都能谈得来。但遇到李向涛，人家说，倒了八辈子霉，下下辈子不理他李向涛都不后悔。原来，同桌有个小毛病，就是爱照镜子。每每看到她，李向涛第一句话就是："个人修养要注重，并不是光会美就行了，得内外兼修……"话没说完，人家就狠狠一个白眼甩给他："我就爱臭美，你管得了么！"转过脸再也不理他。

而最让同学们不愉快的是，到了年终，班上评选优秀学生，提上去的同学，李向涛一个个都诉说了人家一大堆毛病。虽然他的发言也没有影响优秀学生的选举，却让大家心里觉得不痛快，背后叫他带刺的疯狗。

高中没读完，他就几乎把所有的同学都惹了个遍，但他却一点儿也不在意，竟然还说："瞧他们一个个，不思上进，明摆的缺点都不想改正……"同学们群起而攻之："我们都有毛病是不假，你怎么就没看到你浑身毛病呢！"

是呀，光看到别人的缺点，总认为自己是完人，这不是毛病是什么？看他如此孤僻，他母亲暗暗着急，怕长此下去，影响他心智发展，赶快带他去看心理医生。

世上没有完美，人也没有完人。就如李向涛，在要求别人完美的时候，其实他本身并不就是完美的。他的吹毛求疵其实是他最大的缺点，只是他已经把自己看成了一支蜡烛，所以照不到自己脚下的暗影。一味地放大别人的缺点，认为别人不够完美，会把人搞得心累，情绪也低，谁也不稀罕和你做朋友，到头来害的还是你自己。

金无足赤，人无完人。和人交往，只要人家身上的优点占60%以上，就算是一个优秀的人了。再说，你交朋友，又不是让你做选美评判师，你费那心思干吗？

朋友间的交往，只要拥有一颗真诚、善良的心，这友谊就足够完美。想要朋友个个晶莹剔透，完美无缺，只能是镜里看花，水里望月，不切实际的幻想。

明末清初的文学家张岱说："人无癖不可交，以其无深情也；人无疵不可交，以其无真气也。"看人家说得多好，没有爱好的人不可交，这种人太死板教条；没有缺点的人也不可交，这种人不是没缺点，而是伪装得太狠，失去了人的真性情，更不值得交。

朋友交往，是真心真性，你只求完美，却不在乎人家是不是伪装的，有没有善良心，这是不是太傻了。

古人尚且知道朋友交往需要的是真诚，你却傻到非要直愣愣地去追求什么完美，这只能说明，你内心愚顽，笨得连古人都不如。所以，别对朋友苛求，尊重朋友的本性，还朋友一个轻松，还自己一个本真，是你人生快乐的真谛。

朋友应该时常腻在一起，没有秘密

那天，一个叫小西的朋友打电话问我说，朋友之间是不是应该无话不说？是不是不应该向朋友隐瞒任何东西？

瞧这话问的，我感觉小西一定是遇到麻烦了。果然，小西委屈地说，自己最近是有些郁闷，总觉得朋友欺骗了自己。小西说，自己有个十分要好的姐妹叫张岚。小西非常喜欢张岚，把她看成自己最好的朋友。小西对张岚，从不隐瞒什么，哪怕针尖大的秘密，也会告诉张岚。但让小西郁闷的是，张岚似乎并没有如此来回报她，她的秘密很少对小西说。每到星期天，小西总想和她呆在一起，谈谈心啥的。但有好几回，她却把小西冷在一边，自己不知做什么去了。

小西说，感觉自己受了欺骗，人家好像并没有拿自己当成好朋友。"我在她面前从不保留什么，像个透明人，但她却让我捉磨不透，我甚至觉得，她好像从来都是对我留了一手。"

小西的苦闷，许多人都遇到过。当咱们有一个可以当成知己的朋友时，心理上和情感上对这份友情的依赖，会让人总想着和朋友在一起，有什么悄悄话，也想分享给朋友听。这些都没错，但也绝不是百分百正确。

朋友不是你的附属品，人家没必要时时刻刻跟你腻在一起，因为人家有自己的生活。你只是他生活中的一部分，他怎么能把所有时间都奉献给你呢？

作为朋友。亲密无间当然是好事，但凡事过了头，就会从好事变成坏事。

朋友间的亲近，并不就是整天腻在一起，才算得上亲密。其实距离产生美，适当地保持距离，才更适于友情保鲜。假想一下，你喜欢吃龙虾，为了满足你的嗜好，便天天让你吃龙虾。早上，晚上，喝汤的时候，睡前的小餐，全是龙虾，恐怕没多久，你心里就会深深厌恨起龙虾来。是呀，整天面对着一样东西，那感觉肯定是要多乏味就有多乏味。而朋友间同样是如此。每天不谈其他事，就面对着你的脸，看多了，能不引起视觉疲劳？心理上能不产生抗拒感？如此，肯定会对眼前的你产生反感。到了不想看到你的地步，这朋友还有得做？

太近了，就失去了新鲜感和神秘感，变得透明。而太过熟悉的东西，人们从来都是轻视和疏远。

有一对小刺猬，它们是很好的朋友。冬天到了，它们躲在一个草洞里。虽然它们都紧紧地缩起身子，但还是冻得直发抖。于是，其中一只说，咱们靠近一点吧，这样就能暖和了。这建议当然很好，为了不被冻僵，两只小家伙就紧紧地挤在了一起。但让它们没有料到的是，因为挨得太近了，它们彼此身上长长的刺就刺中了对方。看着彼此伤痕累累的身体，两只小家伙只得再度分开。

可见，太亲密也并非就是好事。太亲近了，对方的一切都在你的视线之内，人家有什么心事，想做个什么小动作，你都一目了然，这样被监视着，谁的心里会舒服？

适当的距离，除了增加新鲜感，也会增加你们的亲密感。在婚姻中，就有这么一句话：小别胜新婚。人家长久相处的夫妻，都还晓得呆在一起的时间不能太长。想要恩爱，就得适时地分开一阵子，让彼此有个疏远感。这疏远感其实就是新鲜感，而人有了新鲜感时，才会产生激情。朋友比夫妻的亲近度差得远了，所以，更得保持适宜友情生长的距离。

别以为是朋友就得向你坦露一切。这样的想法，只能显得你霸道。即便是最亲近的朋友，你也别想着让他的一切都在你的眼皮底下，在你的掌控之中。

尊重朋友，首先就得尊重人家的隐私，当人家不想说的时候，你就别问。就如你不想说什么时，别人问，你的心里产生的恐怕是反感，而不会是亲切吧。

经常有这样的新闻：某某大牌明星，拒绝让家人在镜头前露脸；某某网络红人，出行保密。这样的新闻，其实就足以说明，人家不需要让外界知道得太多，不想被打扰了私生活。个人生活属于心灵的一部分，是不能随意泄露给外人的。在任何时候，都把自己透明地展现在人们面前，不管是大明星，还是小人物，恐怕都不情愿。

所以，别把自己当成一个电子眼，什么都想看到；也别把朋友想象成透明人，什么都得让你一眼看到底。

在每个人的心里，都会有一片自己的小天地。这小天地里，装着秘密和隐私。这些东西，是属于人家个人的。人家可以和爱人分享，也可以和朋友分享，但这分享却是在百分百自愿的情况下才能进行。如果你私自闯入，就是不尊重人家隐私的行为，肯定会让人深深反感，甚至拒绝再和你做朋友。

许多人都有这样的经验和体会，异常亲密的朋友，有时候关系会变得非常脆弱，甚至不如陌生人的承受能力强。他们不得其解，觉得越是亲近的人越是不理解自己。其实，他们走进一个误区。因为太近了，所以就有了一种贪欲，觉得朋友是自己的。都亲密到这份上了，不自觉就丢弃了最起码的尊重。没有了尊重，就会随意地闯入人家的私人空间。人人都有设防心理，对于这些不打招呼而擅自闯入者，人的心里就会产生深深的反感，甚至厌恶，轻言绝交也是情理之中的事情。

私人空间越来越多地被人重视，就连夫妻间，也要求给一个自由呼息的空间，而作为一个朋友，不分时间地占着朋友，是不是有点不厚道呢？

手里握着一把沙子，越想握得紧，沙子越容易从指缝中漏出；当你轻轻拢着，沙子反而会安静地呆在你的手上。同样道理，你越想牢牢地掌控着朋友，朋友越会觉得呼吸困难，越想离开你。因为谁都渴望自己周围是一个轻松的环境，可以让自己自由地伸展。

所以，在朋友间，过分亲密并非是好事，有时候，甚至是走向友情毁灭的开始。

因为太亲密而让自己的友情从这个极端走到另一个极端，走到反目成仇，势不两立，你觉得有意思么？这样的亲密，有意义？

站得远一点看朋友，朋友觉得你有朦胧美，你也会觉得朋友有朦胧美。这朦胧的美好境界，你何苦要破坏呢？

友情是放松心灵的场所，你只需有一个场所就行了，别把眼睛紧紧盯在朋友身上，那样，人家不舒服，你也把自己搞得疲惫不堪。放开手，就如天上飘的风筝，只需牵着线，就可以让它在天上任意飘了。终归，它还是要回到地面上的。

和朋友保持一些距离，也是维持友谊的重要手段。

结识新朋友，忘了老朋友

三国中，有一句最著名的话是这样说的，朋友如手足，妻子如衣服。

瞧瞧，老婆只是身上的衣衫，而朋友却是血脉相连的手足。朋友的地位，比老婆高多了。话说得有点不好听，却也充分地显出了朋友在人们心目中的地位。从古到今，朋友间相互帮助，甚至生死相托，为帮朋友而失掉一切甚至生命的故事和传说也随处可见。由此可见，朋友真的是你手中的宝，堪称弥足珍贵。

朋友既然如此重要，那当然就得放在心里珍藏，而不能随随便便乱放，更不能随手丢弃。

在友情的路上，人们从古代的"君乘车，我戴笠，他日相逢为君揖"，到现在的歌中唱的"结识新朋友，不忘老朋友"，都在诉说着朋友的好，朋友的珍贵。人们看重友谊，看重朋友间的情分，认为朋友是自己人生中非常重要的财富。

但功利的社会，却也让许多人对朋友的看法有了改变。他们把朋友看成是可以利用的工具，用得着时拿来，不用了就远远扔一边。这类人总是觉得，走什么山，就唱什么调。朋友当然也得轮流转，用不着的朋友，当然得随时清理，不能让他们白白占了自己心灵空间的资源。于是，就轻而易举地抛弃朋友，不但不认为自己是薄情寡义，反而为自己的行为美名其曰：清理仓库。

这样的人，下手够重够狠，仓库倒是清理轻松，但恐怕却把自己陷进了另一种麻烦之中。他们让自己的人生匆匆忙忙，像赶集似的，没等感情降温就忙着换旧迎新了。这样的人看似每天匆忙，身边也围绕着数不清的朋友，却很难有真心诚意的朋友。因为他们太功利，太把自己当棵葱了。

你以为你是谁，可以这么随意地抛弃朋友？你以为你用不着人家了，所以没必要再结交下去，其实却也暗自给自己以后的路挖好了坑，埋好了倒霉的伏笔。

朋友曾讲过这样一个故事。他有个叫清云的朋友，初到公司时，和大家蛮聊得来的，见面不是大哥就是小弟，亲热得都让人肉麻。当然，他热情，大家也待他不薄，都拿他当好友看待。那时，朋友在公司也算是个人物，就时常罩着他。上面有人帮着，下面有人捧着，没多久，清云就混得风声水起，升到了科室主任。

后来，朋友的公司因为扩展，要搬到郊区。清云觉得拖家带口不方便，就辞去了工作，另找了一家兄弟公司，重新开始。到了新公司，凭着他的交际天分，很快又爬了上去，成了一个中层干部。清云洋洋得意，在家里摆酒设宴，宴请新公司的朋友们。

那天，朋友借着休假的机会，前去看望这位清云老弟。让朋友郁闷的是，他站在清云的家门外，按了足有半小时的门铃，却愣是没把门给按开。看着清云亮着灯光的客厅，朋友百思不得其解。回去之后，和同事们说起此事，同事们苦笑起来，告诉朋友，他们也都吃过了清云的这种闭门羹。他们这才知道，人家清云觉得自己现在换了单位，又是中层干部，身边又有了新朋友，他们这帮老哥们，当然就是该踢的料了。

朋友和同事们又郁闷又尴尬，敢情他从前的亲近和热情，都是假装的呀！

风水轮流转。清云的新公司情形并不太好，没多久因为经营艰难，被朋友的公司给合并了。因为合并，要裁掉好多个职员，清云也在被裁之列。

那天，朋友正在家中，听到有人拜访，打开门竟然是清云。原来，清云不甘心被裁，这才又想起老朋友，想走老朋友的关系，把自己留下来。

看着又是递烟，又是点头哈腰的清云，朋友又好气又好笑，说："这事好说，哪天我亲自到清云老弟家坐坐，等按开老弟的家门后再谈这事……"当即就把清云羞得恨不得找个地缝钻进去。

这羞辱，真纯粹是自找。你用得着人家时，人家就是蜜糖，是你寂寞的填充物，你高升了，人家就成了垃圾了，竟然连门都按不开。

你把朋友当成手中随意使唤的一件工具，不给予尊重，作为交换，人家当然也没必要给你尊重。当人家有利用价值时，觉得喊爹都不够亲；一旦人家失去了利用的价值，就像垃圾一样被踢得远远。这样的心态和交友方式，哪能交到真正的朋友。

风水轮流转，但朋友却不会转。当你转来转去，没准会转到原来的位置。你以为有些旧友只是一时的风景，说不定人家正在你的前程路上等着你呢。

所以，交朋友，别抱着太功利的心。朋友不是纯粹利用的工具。别以为换了环境，有了新朋友，旧的就可以随意扔掉。要明白，贫贱尚且不可忘呢，何况曾是知心相交的朋友。

时装会过时，风景也会变迁，但朋友却永远是你心头一杯温热的茶。不辜负朋友，其实也就是不辜负自己。

第 5 章

吸引贵人相助，先修炼超强磁场

人海茫茫，朋友有时候就像散落在一堆沙子中的铁屑，我们要找他们，无异于大海捞针。但如果我们能够变成一块超强的磁铁，那么就变得轻而易举了。

其实，每个人身上都有一个磁场，可以说磁场有多大，吸引力就有多大。很多人虽然普普通通，但别人心甘情愿、竭尽全力帮他，就是因为他身上有很强的磁场，吸引了别人，很多白手起家的成功者，正是这方面的受益者。

只是人的磁场强弱是由人的正面与负面情绪决定的——如果你感到兴奋、热情、欢乐……那么你的磁场就变强。相反，如果你感到烦躁、压抑、生气……那么你的磁场就会变弱，甚至消失。如果你需要有更多良师益友和贵人来帮助，那么，你必须远离负面情绪，把自己修炼成正面的、具有超强磁场的人。

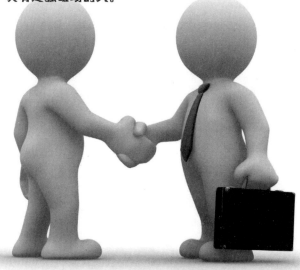

一无所有，别人凭什么愿意帮你

人生最宝贵的财富是什么？有人会说是朋友，有人会说是金钱，有人会说是知识。

说朋友的人忠诚，说金钱的人实际，说知识的人是智者。

一个人，只有自己有了主动权时，他的一切才会走向美满和成功，也就掌握自身命运的主动脉。

其实，一个拥有了忠诚和智慧的人，才是最容易成功的。而一个拥有了无数朋友和丰富知识的人，也是世上最富有的人。

但并不是每个人都能轻松地掌握自己想要的东西。有些人很有才华，却没有可以倾心相谈的朋友。没有朋友，就会人脉稀少，失去很多机会。就如手捧着金饭碗，却不知该向哪里讨回一碗可以生存的食物。当他们一而再，再而三地失去一些机会时，会痛不欲生地抱怨命运：为什么没人肯帮我！我怎么这么倒霉，成功总是离我那么远，真是生不逢时！

这其实有些可悲。当你拥有了知识和智慧，却敲不开成功的大门，这的确让人沮丧。

每到这时，有些人才肯低下头来，思考自己为什么没有人肯来帮助。

身边缺少朋友，最大的原因是你身上没有吸引朋友的磁场。也许你很有知识，但你很高傲，对其他人不屑一顾；也许你很谦虚，但你却一无所有。这些都是削弱自身磁场的重要刀具。你的高傲和一无所有，会把你身上本来就不强的磁场更大地破坏。没有了吸引朋友的引力，鬼才稀罕你。没有朋友，当然也就不足为奇。

现实地说，人家和你交朋友，是因为你身上有人家需要或者欣赏的东西，这二者缺一不可。假若你很清贫，但你有知识，有涵养，有很好的个人素养，是个品学兼优的人，你就是一贫如洗，也有人会把你当成朋友，在你需要帮助的时候，慷慨出手。

就如戏剧中一个用滥的桥段：一个穷书生，进京赶考，路上遇到盗匪，被抢劫一光。接下来肯定是某个员外或者小姐看到他有才华，于是十分欣赏，不是招赘入婿，就是资助盘缠。从落魄到风光，很戏剧，也很让人向往。

这其实就是说明，人都是功利的，人家看你是潜力股，所以才肯帮你。假若你一无所有，无才无华，又长得奇丑无比，也许会有人救你一命，给你一碗饭吃，但顶多就是把你收留了，要么给人家做个奴才来换取生命的延续，要么你继续流浪。

这些足以说明，想得到别人的帮助，自己首先得有磁场，得有可以无限发挥的潜力。

有一句话说得很好：家有梧桐树，才招凤凰来。朋友就是凤凰，你就是梧桐树。当你只是一棵苦叶柳时，凤凰肯定是打死都不会落你身上。

有些地方为了发展经济，大多做法是招商引资，于是，就给前来投资者非常宽松的投资环境。商人重利，要么是地价便宜，要么是空前广阔的投资环境，看到甜果，人家才会投钱进来。否则，任你说得天花乱坠，让人眼花缭乱，人家也不会把资金投到毫无希望的荒芜土地上。

交友也如投资，咱们交朋友，是希望得到朋友的帮助和指引，在人生的路上多些成功。但反过来说，人家也是这心理，你没有吸引人家的地方，人家从你身上看不到成功的希望，肯定会远远避开你，免得再被影响。

就算免费做慈善，人家还落个名声的回报呢。这世上没有谁会傻到去用竹篮子打水的。

也许你会报怨：我一无所有，如何才能去吸引人家？

其实任何人都不会一成不变地一无所有下去，只要肯努力，想要的东西上帝一定会给你。世上有许多人，他们非常富有，但他们并不快乐，他们没有可以促膝谈心的好朋友。所以，钱有时候并不是衡量你富有与清贫的标准。而一个没有知识和良好品性的人才是真正的一无所有，才是真正可悲的。

品性是人生之根本，知识是人生的翅膀。而这些，都是凭后天培养才能得到的。

当你想要品尝甘美的清泉时，必先得打井吧。有了自己的水井，你才能随意喝上滋润你一生的清泉玉液。

曾有这样一个笑话。一个人非常清贫，于是，不停地祷告上帝："请您老开恩让我中了一百万吧！让我摆脱贫穷，我会世世代代感激你的！万能的主啊，让我中奖吧！"这人真的是很虔诚，上帝听到了他的呼声，长叹了口气说："我倒是很想帮他，但他好歹先去买张彩票呀。"

很简单的道理，想中百万，前提就是你得去买彩票。同样道理，想拥有能帮助你的贵人，首先得把自己培养成一棵"梧桐树"。而培养梧桐树的原料就是知识和人品。

品性优秀的人，会有一种特殊的人格魅力，这是吸引别人目光的地方。

凡看过《简·爱》的都知道，女人主公简·爱，一穷二白，寄人篱下，但她却赢得了富家子罗切斯特至死不渝的爱情。凭什么？不就是凭简爱自身的善良和诚实，还有她的学识。

江南从小生在农村，大学毕业的时候，她当然也想和所有的同学一样，有一份稳定的工作，有一份较高的收入。和同学们从学校来到一座城市，一家接一家地应聘、面试，跑得腿都细了，工作还是无着落。

这天，她拿上自己仅有的一百多元钱再去应聘。跑了一天后，依然是一无所获，这时候肠胃不停地提醒她：再饿下去可真要自杀了！于是，江南就拣了一家路边店，想买些便宜的东西先填饱肚子再说。

　　服务员刚把一碗面送到她跟前，突然从旁横穿出一个人，一把抢去了她手中的面。江南吓了一跳，本想发作，看清眼前的是一个中年妇女，穿着倒也整洁，但眼神明白无误地告诉江南，她不正常。看到她，江南就心酸了，想起父母养自己这么大，如今却连个养活自己的工作都找不到。同是天涯沦落人，善良的江南怕她吃不饱，就又要两碗面，再分给她一碗。吃完了面，江南又把这女人送到了派出所。江南觉得，这样一个神经不正常的人跑了出来，家人肯定急疯了。送到派出所，便于家人及早找到她。

　　这事过了一星期，突然有人给她打电话，让她去一家公司面试。接到电话，江南吓了一跳，因为这家公司她曾经去过，但被毫不留情地拒绝了。现在人家同意让她去面试，这让她欣喜万分。面试很顺利，老板当场拍板，让她第二天就去上班。欣喜万分的江南心里想，这真是天上掉馅饼，一定是哪个好心的同学或者朋友在帮自己。但打遍了所有同学的电话，大家都不知道这件事。

　　上班两个月后，江南才知道，帮自己的正是自己科室主任。原来，那天遇到的疯女人，是科长的婶娘，来这个城里看病。从家里走出来，迷了路，幸好遇到江南。而在派出所里，去接婶娘的科长得到了江南一些情况，作为回报，他决定帮助这个善良的姑娘。

　　在金钱上，江南同样是一无所有，但她有珍贵的品性。所以，贫穷不是病，人格的欠缺才是可怕的。当你拥有真和善时，你就是富有的，这富有足以打败整个世界，还怕没有朋友？

　　想要吃桃得先种树，想要有有用的朋友，自己得有吸引人的地方。你一无所有，品性又不好，人家想躲都来不及，怎么会来结交你？

　　富在深山有远亲，穷居闹市无人问，很现实的道理，谁也改变不了。所以，想要成功，想要得到别人的帮助，首先得充实自己，让自己强大。否则，只有被淘汰出局。

每个人身上都有一个看不见的磁场

有些人总是羡慕别人，为何他们有那么多的朋友，有那么好的人缘，走到哪儿都有人围在他们身边？不管遇到什么事，都有人肯帮助他们。

这样的人生活中有很多。他们有着众多的朋友，几乎可以一呼百应。遇到了困难，一个电话，或者一个眼神，就会有人主动地帮他们解决问题。这样的人在日常的生活中风生水起，而当他们想做某一件事时，也很容易能马到成功。

先别忙着羡慕人家。因为他们和你一样，来自于普通的家庭，和你从一所大学里走出来，和你身上有着许多相似的地方。但为什么人家能在短短几年里，就成为朋友圈中的领军人物，拥有广泛的人脉和忠实的朋友？

其实很简单，人家身上有一股看不见的力量，这力量形成让人无法抗拒的吸引力，不但牢牢吸引住了朋友，甚至连陌生人都会对他们大加赞赏。这大概多少让你有些不快乐，但你不得不承认，就连不服气的你，和人家呆在一起，也会觉得舒服，而心甘情愿地追随在人家身边。

这股无形的力量就是他的人格魅力。人格魅力就是人家的磁场，磁场有多大，吸引力就会有多大。

我有一个叫陈杨的朋友，就是这样一位有着超强磁场的人。

认识陈杨的时候，他还是个小杂志的编辑。陈杨为人很热情，对工作也非常尽责。他对于每一个作者的来稿都十分认真对待。在他看来，所有的作者都是一样的。他不会因为某个人的名气而去注意他的稿子，也不会因为某个作者没名气就冷落人家的稿子。每一篇稿子，他看得都相当认真，即便不用的稿子，他也会附上意见，热心地给人家指出具体的毛病。慢慢的，许多作者都对于他有了好感，在他手下，也培养起许多优秀的作者。越来越多的人喜欢跟他打交道，做朋友。每到星期天、节假日，都会有朋友约他吃饭，跟他谈心。

几年后，陈扬离开杂志社，想办一个自己的公司。这时候，他身边已经聚集着无数的朋友，这些朋友分布在各个层次，各个领域。当他需要场地时，马上有人主动出来帮他联系；他需要资金，有人就肯拿出自己的房产替他抵押贷款。天时、地利、人和，他占全了，公司没费周折就成立了，没几年就走上正轨，而陈扬也成为本城屈指可数的人物。

许多人不明白陈扬的成功为何这么轻松，觉得他不过就是一个不善言谈，甚至有点木讷的人，怎么会有那么多的人肯帮他。

有一天，陈扬宴请朋友，约了许多人在家中。正当大家举杯换盏，把酒言欢之时，有人敲门。来的人是一个乡下的老人，是陈扬的老乡。原来，老人进城探亲，刚下车就被小偷光顾了，身无分文，离亲戚家又很远，只得就近先来找陈扬。

看到这么一位土得掉渣的老山农，有些人皱起了眉，觉得真是添乱。还有人甚至说，不就是一个不常谋面的老乡么，胡乱打发一下就行了，这边不也正忙着吗。但陈扬听完老乡的诉说，二话没说，先让爱人给老乡端来热面，让老乡先填饱肚子。他抓起电话，给派出所的一位朋友打了过去，让帮助查一下老乡亲戚的具体情况。老乡刚刚吃完面，朋友的电话也到了，一并带来了老乡亲戚的联系电话。陈扬又把电话打给老乡的亲戚，让他来接人，一直忙碌了半个多小时，才算圆满解决了这事。

好多人顿时明白了，陈扬为什么那么善得人缘，因为他善良，因为他真诚。

而陈扬的优秀并不只在善良，他还有傲骨。原先陈扬在杂志社时，因为做编辑，经常有熟人把达不到发表资格的稿件塞进来，但陈扬从不昧着良心给他们发表。有一次，主编的一个朋友请他吃饭，说是想请他帮忙看一篇稿子。结果陈扬一看那稿子，没吃饭就离开了酒桌，因为那稿子太烂了，如果上版，第一对不起杂志社，第二对不起那些写得好的作者。

不畏权贵，待人真诚，一视同仁，是陈扬最大的可交之处。这些足以让人们信赖他，感觉到他的安全。原来他得到的帮助，全是来自于对他人格魅力的回报。

一个品格高尚的人，可以抵得上千军万马，这点你不服恐怕都不行。

一个人的成功，并不只体现在事业上。事业上的成功也许会给他带来无限的金钱，而人格上的成功，才更能让他的人生美满。

在羡慕他人成功的同时，其实可以告诉自己：我也有这样的机会，我也可以这样成功的。因为上帝给予每一个人的机遇是平等的，你没有得到，并不就是说上帝没给过你机会，而是你从来都不用心经营而已。

人的磁场跟自信是并行的。你的磁场越大，你的自信也就越大。当朋友们围在你的身边，那种舒服和畅快，会变成刺激你成功的动力。想拥有这一切，其实也很简单，就是让自己变得更优秀，更强劲地发挥自己的人格魅力。

每一个人都有可能成为品格优秀的人，每一个人身上都有一座无形磁场。优秀的程度和磁场的大小，看你的修养，也看你的努力而定。

一个没有人格魅力的人，其实是非常清贫的人。这样的人，就是给他一座金山，他也会搞得踪影全无。经常在影视剧中看到这样的情节，一个富有的人，死后给儿孙们留下万贯家财。在他们看来，这些钱会让子孙们吃喝不尽，有一个无忧无虑的人生。但他们真错了，纨绔膏粱多不肖，没几年，这些子孙们便挥霍光了家产，到大街上流浪去了。

败家的根源几乎同出一辙：结交不良人士，吃喝嫖赌样样俱全。自己不思进取，交的朋友也如此混乱，这样的人能建立自己的人格魅力么？如此多的"朋友"来帮着消费人性中的善和美，不败家才怪。

人格魅力来自于阳光的生活，健康的交际圈，最主要的是自己正直善良的心态。

人们喜欢你，是因为你身上的自信和阳光，是因为你的真诚和善良。如果人家跟你在一起，听到的总是你不停地抱怨，抱怨生活亏待了你，抱怨命运对你不公。得，人家还是赶快逃开吧，本来生活就够累了，再来遭受你对人家无形中施压的心理折磨，傻子才会跟随你，把你当成好朋友呢。

人们和你做朋友，是需要你的理解和支持，当人家遇到困难和挫败时，你得免费提供自信和勇气。若是这一切你全不能给予，人家也没有必要把自己拴在你这棵树上，白白浪费精力和时间。

所以，想要影响别人，就得先自己有影响力，让自己有良好的心态，正直善良的品性，面对困难时不屈的精神。这些正是建立自身磁场的重要原料，需要你一点一滴地积累、完善。

一个想要成功的人，他至少懂得什么是该做的，什么是不该做的，明白清水和浊水对自己的危害。让自己远离危害，不接触那些污七八糟的东西，净化自己的朋友圈，和一大群可以称作良师益友的朋友交往。这是提高修养的必要途径。

建成了自己超强的磁场，想不成功似乎都不可能。

魔鬼总是和上帝在竞争，当上帝把许多机会摆在你面前的时候，魔鬼也会同时把许多利诱和隐形的恶果摆在你面前。同样多的机率，就看你的眼睛里看到什么，想要抓取什么。如果自己掌握不好，那将来就别对着别人的成功流口水。

成功的钥匙握在自己手上，先从培养自身的磁场做起。

抱持消极心理，让你吸引力尽失

2010 年元旦，在美国加州帕萨迪纳市的街道上，一辆装饰华美的玫瑰花车正被万人簇拥，在各街道上做花车游行。花车上，是当选为本届"玫瑰皇后"的十七岁华裔少女李君慧。万人簇拥，鲜花作伴，作为万人瞩目的玫瑰皇后，李君慧的脸上洋溢着自信而且甜美的笑容，她也因此成为当年全美国最瞩目的焦点。

美国每年一度的"玫瑰皇后"，竞争相当激烈，全国的青年少女都可以参加。而一个年仅十七岁的高中生，在陌生的国度，能突破重重阻力，一举夺得玫瑰皇后的桂冠，除了必需的聪明和伶俐，她的自信是她成功的巨大力量。

超于常人的自信，有时候就可以给你超常的能力和成功的动力，也是一个人成功的力量源泉。一个自信而阳光的人，他身上的吸引力，就是他呼朋唤友的最大资本。

一个没有自信的人，就如一团没有支撑力的棉絮，黯然无光，精神萎靡。这个样子，怎么能让人感觉心悦？怎么能让人有信服的感觉？当然也就更别说吸引别人的目光了，恐怕自己都会感觉自己一无是处。

自信和阳光，可以让你增加无限的吸引力。而失去自信，同时也失去了对别人的吸引力，甚至还会把自己的生活也搞得凌乱不堪。

对自己不自信，罪魁祸首大概就是自卑。你家庭一般，脸蛋也不漂亮。在同学们中间成绩也不太好。于是，你感觉自己处处不如人，看到别人，就觉得自己低人一等。当别人约你一起做某件事时，你首先就对自己不自信。"我能干成么？我有这个能力么？"一下子信心就没了。这时候你就像一朵花还没开，就已经枯萎了，这情景真是悲剧。看到你这样子，朋以当然也不高兴。一场本来或许成功的事情因为你的自卑和怯懦，而毁灭于萌芽之中。不但让你有损失，恐怕朋友也会对你有看法，觉得这样的人能成什么事呀？没准以后就把你晾一边了。长久下去，朋友都不信任你，当然也就没有了吸引人家的资本。

除了自卑和怯懦，诸如猜疑、功利、逆反、嫉妒等一系列不健康的心理，也会让你失去朋友，失去吸引力，得不到别人的好感。

世上没有绝对的公平，自然也不会样样事都会让你和其他人公平地站在同一水平线上。但有些人很坦然，站在自己的位置看风景，人家看到的依然是风景秀美，花团锦簇。但有些人就不行了，他们深深厌恶那些比自己优秀的人，觉得他们比自己强的地方，都是投机所得，心里又恨又嫉。这样的心理，就免不得会让自己做出一些出格的事情来。比如，小心眼的人就会找机会攻击人家，背后诋毁人家，或者造一些无中生有的谣言，来毁坏别人的形象。这样做，倒是出了一口长气，但收获的是什么呢？是更加让别人小看你，觉得你既不配做朋友，也不屑于跟你同流合污。得，本来就不得意，自己再把自己往下踩一脚。这嫉妒和逆反的心理，纯粹就是一杯毒酒呀。

想要摆脱这些，也很容易。要说服自己，世上没有白付出的努力，白流的汗。人家是比自己强，比自己优秀，那并不是上天所赐，是人家辛苦所得。自己多付出些，也会有这样的收获。要记得一分耕耘一分收获的道理，天上掉不下来馅饼，自然，老天也是讲究天道酬勤的。

也许你不漂亮，你也没有优越的家世，但你却有一颗热情的心，同样可以让你成为受欢迎的人。你可以热情地帮助大家，为大家做一些力所能及的服务。你的付出，大家肯定会看到眼里。一次人家不在意，两次人家没留意，在第三次的时候，他们肯定会不好意思地开始表扬你。

反之，你不想吃亏，总怕被人算计，于是处处设防，处处冷漠，总是猜疑，还时不时在背后来个小动作。这堆积如山的坏毛病，谁不怕呀？人家避都来不及，还能被你吸引？

让自己自信起来，漂亮起来，受欢迎起来，方法多得是，而一个最基本的方法就是让心里充满阳光。

你也许比我优秀得多，但我不必嫉妒你，因为我也有比你更优秀的地方。或许我不富有，但我比你大方；或许我没有你漂亮，但我却能比你热情……仔细观察，其实能发现，你身上优点并不少，只是你太关注别人了，就忽略了自己。整天让自己处在怨天尤人的心理中，觉得这也不行，那也不好，没一点心思来考虑自己，也没有行动来改变自己，当然你身上也就永远没有吸引力。

年前的时候，去参加一个兄弟公司的大型晚会。到会的都是各兄弟公司的精英人物，真是俊男靓女大集会。晚会到中途的时候，是一个自由节目，大家可以随意上台表演才艺。而这时，走上台去一个女人，一下惊呆了台下所有的人。这个女人，太不自量力了吧？不足一米五的个头，穿着华丽的衣服，简直就像个火烈鸟。最让人不堪忍受的是她那张脸，虽然化了妆，却真让人惨不忍睹。人们静了五秒钟，然后有人轻轻吹了一声口哨，那意思很明显，人家上台表演才艺，你上去亮丑呀？那好，就让我们等着看好戏吧。

那女人拿过话筒，一甩头发，一缕轻柔悠扬的歌声顿时飘了出来。人们惊呆了，没想到这么一个其貌不扬甚至奇丑无比的女人，竟然有这么动听的歌喉。人们对她一下感兴趣起来，纷纷打听，才知道她原来是兄弟公司公关部的主任。

人们彻底服了她了，不是服她的脸蛋，而是服她的勇气和自信。这些自信让她身上有了一股无人能比的光彩，那一晚，她是最丑的女人，却是最引人注目的一个。

假若她有着一般人的心理，自卑、怯场，总想着自己不如别人的地方，她肯定永远走出不阴暗的心理。她正是放开了自己，不去想自己的缺点，而是只拣自己的长处发挥，才形成了自己独特的魅力，成为引人注目的人物。

　　自信而阳光的性格，会让你摆脱一切不健康的心理影响，让你走出自我，活出风彩，建立自己独特的磁场，让自己拥有独特的魅力，而这一切，必须得扔掉那些有可能影响你正常建立磁场的不良心理。

　　明白了自己的长处，还犹豫什么呢？一个美丽的你，定会吸引别人强烈的目光。

你如何对待朋友，朋友就会如何对待你

曾有一个心理组织，做过一项社会调查，即每天除了工作，把时间消耗最多的竟然是那些动漫片。在这项调查中，人们发现，青睐动漫片的，不光是那些天真可爱的孩子们，都市中的白领，还有大批的成年人，都喜欢把自己关在家里，观赏动画片。

这些简单而明快的娱乐，让那些生活在各种繁华和压力之下的人们，找到了释放的端口。

人们喜欢童话，与其说是喜欢童话中直白的纯美，不如说是更喜欢童话中那些简单的真理。最美丽的童话《白雪公主》里，那面魔镜就是典型的例子。不管你是权贵，还是浓妆艳抹的妖后，魔镜从不撒谎。不漂亮就是不漂亮，它不会因为你是皇后就曲意奉承你。镜子是真实的，你什么样子面对它，它就原样返给你。

童话是一面镜子，生活更是一面镜子，而生活中的人，其实也是一面镜子。

人的心态决定你生活的优质伪劣。生活其实就是一个童话，就如白雪公主，你用什么态度对待它，它就用什么态度来回报你。

当你虚情假意，玩弄生活的时候，生活回报你的必定是失意和挫败。而在和朋友交往时，当你对朋友没有真诚，没有真情时，朋友肯定不会一直受你的蒙蔽，人家肯定会以牙还牙，把从你兜里抖出来的东西还给你。

听到周凉被朋友骗的消息时，据说他已经进去了，但听到这消息的人竟然都不太在意，说他咎由自取。

周凉是我一个同学，但同学们都不喜欢他，主要原因是他太爱算计了。在朋友和同学们的眼里，周凉是一个过于聪明的人，无论做什么事，考虑了自己不会吃亏才肯去做。就是交朋友，他也必定看好了对方有利用价值，他才肯结交。

刚刚大学毕业那会儿，他结识了一个商人朋友叫姜华。三番两次聊天后，两人友情飞速发展，没多久那人就把他看成知交好友，决定和他一起去做生意。因为本钱少，他们决定从小生意做起。商量了几次，周凉的老家种苹果的多，他决定回家乡采购水果，然后贩运到南方，如果顺利，运到南方，刚好赶到六月，正好可以卖个好价钱。

但让他们没有想到的是，来到家乡采购水果时，周凉觉得自己是牵线人，虽然是朋友，也应该让自己抽些成吧。因为朋友也是生意场上的人，怕人家不同意，他决定来暗的。他事先找到那些种植户，说好了给个高价钱，然后从种植户手中拿回扣。

事情很顺利，收货结束后，周凉从种植户手里转手了将近一万元的回扣，把姜华瞒得滴水不露。但世上没有不透风的墙，这事没多久，姜华不知从哪里知道了这件事，但压着火气一声没吭。周凉自以为得计，心中暗暗得意，还是自己聪明，一趟生意，自己就多赚了将近一万元。

冬天的时候，周凉又想做生意，得知一家公司需要进一批电器，而如果他能推销出去的话，可以拿到将近五万元提成。放着这么好的事，当然不能错过。尤其得知现在公司里姜华当权后，周凉更得意了，觉得凭着多年和姜华打交道的经验，这笔生意自己肯定稳赚不赔。于是，他去找姜华，说如果这笔生意做成了，肯定不会亏了姜华。没想到姜华一点都没打折扣，说，行，你拉来我立马要货。

得到这句话，周凉真就感觉如鱼得水，一口气没歇直奔银行，取出所有的存款，从兄弟公司拉回了大批货。但让他一万个没想到的是，他的货刚进来姜华就给他发电说，公司出了变故，原定的货不能再要了，请他原谅。

周凉一下就晕了，一口气没上来，气晕了过去。被送进医院。周凉在医院里躺了一个多月。这趟生意让他赔了多年的积蓄，也让他明白了一个千古不变的道理：出来混，迟早是要还的。人家说风水轮流转，一点都没错。当初，为了一些蝇头小利，你抛弃朋友道义，一点都不念所谓同舟共济。作为朋友，你都能如此相待，人家报复一下，也是从你这儿学的经验嘛。

要想人不知，除非己莫为。别以为自己做的对不起朋友的事，只有自己知道。殊不知人在做，天在看，世上没有不透风的墙，总有一天，朋友会知道了这件事。隔着一层山似的心思，人家能再相信你？不报复你那是君子，但问题是世上不是所有的人都是君子，报复你也在情理之中。

生活就是面镜子，你对它笑，它就对你友好；你对它龇牙咧嘴，它肯定也对你咬牙切齿，公平交易，谁也不亏欠谁。生活如此，朋友也是如此。当朋友有难，你不顾一切，肯为朋友两肋插刀，你的恩情，朋友就是不言语，也会记在心间。在你需要帮助的时候，人家肯定会为你赴汤蹈火。而你变着花样，想尽一切办法玩弄朋友时，朋友肯定不会让别人把自己看成傻子，就是倾尽心血，必定也要挽回这个败局。

真诚的朋友永远是善良，而恶魔的良伴必定是厉鬼。物以类聚，自古都是不变的真理。

所以，想得到真心真意的朋友，你对朋友就得付出真情实意，来不得半点虚假。当你真心真意对待身边的朋友时，你的身边必定会围着一群肝胆相照的亲密良友。

人往长远看，事往宽处想

生活中经常有这样奇怪的现象：有相当多的一部分人，他们没有别人的薪水高，住得也拥挤不堪，没有用过高档的化妆品，没有到过豪华的星级酒店。甚至，他们的生活中还经常发生这样那样的挫折，在人们眼里，他们真是不幸。但他们脸上却常挂着笑，好像自己生活得很开心，很满足。

同样，也有许多人，和上面的人相比，这一部分人要生活得好得多。他们有车有房，有款有权，生活得可谓活色生香，让人羡慕。但他们却总是抱怨：我怎么总没有别人的机遇好？工作不理想，薪水也不尽如人意，而且，最糟糕的是，我的生活中怎么全是郁闷，而没有欢乐？

爱抱怨的人，会觉得生活中没有快乐，到处是让人郁闷的事情，就好像老天故意在跟他们作对似的。其实，让他们心情低落，办事没有情绪，感觉自己处在惨淡云雾中，觉得生活没滋味的，并不是他们真的遇到多大的麻烦，而是他们没有让自己快乐的心态。

其实生活在繁杂的红尘中，人人都有这样那样的麻烦和苦恼。那些让自己快乐的人，并不是人家真的就事事如意，当然也不是因为有什么坚强的后盾，可以帮他们化解无数郁闷和烦心事。只是人家有一个好心态，把世情看得清楚，明白人生就是活在一个接一个的麻烦中的。与其避不开。不如让自己开心来面对。人家明白人得往长远看，凡事得往宽处想，这样，才不至于动不动就被生活打翻，成为怨妇或者怨男。

整天抱怨的人，一般都是一些小心眼，遇事不开化的人。他们总是在心里堆积着高出常人的期望，他们眼光总是向上仰望，向上攀比。他们的生活中，哪怕是发生一丁点的挫折，就觉得自己受了莫大的委屈。他们总是觉得，生活就应该是随心所欲，想要什么有什么的。却不明白，这样的生活态度根本就是痴人说梦。

没有一个好心态，看不到生活的真谛，当然就不会感觉到身边的快乐。

前些时候，网络上疯传一个新闻。一个富家子弟，家产百万。豪房洋车，应有尽有，但这位公子哥却觉得不快乐。于是，别出心裁，装成乞丐，跪在闹市街口，向人行乞。人家认为这就是快乐，但他的快乐却把家人羞得都想一头栽进茅厕了。

瞧瞧，生活对他是厚爱的，但他却没有快乐，这只能说是他自己给自己带来了一悲剧。

快乐，幸福，其实就是一个心态。有一个乐观向上的生活态度，对自己是一笔多大的财富呵。

那些能看淡不幸，把生活经营得有滋有味的人，大多是心胸开阔的人。他们懂得经营快乐，明白这世上没有什么过不去的坎，明白只有让自己快乐、健康，生活才是最大的希望。这样的人其实是生活中的智者。因为这样的心态，人家的生活当中当然处处是欢乐，事事都祥和了。

我一个叫邱尘的朋友，就是很懂得经营快乐的年轻人。三年前，邱尘刚到这座城市的时候，年龄22，皱巴巴的衣服里，揣着的除了一张某大学毕业证，他几乎是一无所有了。

他的首要任务，就是给自己找份工作，先养活自己。但一星期过去了，邱尘的工作依然没着落，而身上却只剩下不到20元钱了。晚上，邱尘住在长途公交的候车室里，望着黑漆漆的窗外，真是绝望透顶，觉得自己真要撑不住了。这个时候，妈妈从老家打来电话，问他找到工作没，说如果外面太难混就先回家来吧，好赖家里不会饿着你……就这样落荒而逃，那岂不是太丢人了！邱尘握着电话，眼里是泪花，脸上却是笑，对妈妈说："妈，我很好，工作已经找好了，人家安排吃住，我现在生活得愉快，马上就可以挣钱寄给您了……"

第二天一早，邱尘用冷水洗一把脸，继续找工作。也许是上帝看到他的泪光，那天，他真找到了工作，在一家批发公司运货，很辛苦，薪水也不高。但邱尘很快乐，他说："不管怎样，先让自己活下去，一切都有希望。和许多同伴比，我是幸运的人，才刚过一星期就找到了工作，这说明我还是有机会的。"

是呀，当自己在财产方面一无所有时，自己的快乐却是别人买也买不来的财富呢。

凭着乐观的心态，邱尘在那家批发公司安顿下来。草窝当然留不住金凤凰，邱尘一边工作，一边抓紧时间学习，同时不放过任何一家和自己专业对口的招聘信息。一年后，当邱尘被一家化工公司招聘为技术员的时候，他也刚刚通过考研，双喜临门，可谓一帆风顺。

在低谷时，别绝望，笑着向上攀，你肯定会走出低谷，攀上高峰的。若只让自己停留在郁闷和徘徊的边缘，忘记了走路，只记得怨天尤人，那你就一辈子在谷底呆着吧。

这世上，能救自己的只能是自己，而快乐，也只能自己去寻找。

人往高处走，水往低处流。自己不动脑子，欢乐是不会飞来找你的，因为需要快乐的人太多了，欢乐只飞向那些伸开的手心里。

事往宽处想，要明白，世上没有过不去的坎，现在的不如意，并不就意味着一生都会这样落魄。一件事，也许是坏事，但反过来，换一下角度，你会发现这坏的里面还有好的一面呢。

就如春秋时的越王勾践吧，国亡了，家也破了，自己和老婆还沦为奴才。基本上过着苟且偷生的生活，还得巴结着去给人家吴王尝大粪。人活到这份上，就是作为一个平常人，恐怕受不了的人也都有了吧，何况还是堂堂一国之君，那更该去抹脖子自杀了。但人家勾践就不，人家有主心骨。人家暂受眼前辱，换以后大好河山。也真让人家做对了，后来不是雪耻了么。如果没有一种大胸怀，不懂得凡事往高处想，他能撑到以后的辉煌么？

所以，遇到麻烦和挫折，多想想以后会顺利起来，迈过这个坎，就是金光大道，你的心情不自觉就会轻松起来，就会多些幸福和快乐。

咱们只是一个普通人，有七情六欲，有悲欢离合，但要让自己的心里珍藏着一个筛子，把幸福和快乐从繁杂的生活中筛下来，生活里就到处是幸福和快乐。

经营快乐，其实非常简单。下雪了，可能让你冷得受不了，但别抱怨，你应该欣喜，因为一年你也只能看到几次雪景呀；薪水是低了些，但你应该觉得，这不正好培养了自己会理财、能吃苦的习惯？

人往远处看，事往宽处想，养成乐观阳光的性格，生活里的欢乐，就会多得你想赶也赶不走。

勇敢做朋友圈子中积极力量的源头

在人的心理中，都有一种渴望被人崇拜、敬仰的英雄情结。能超常发挥的人，大多能圆自己的英雄梦，成就一番大事业。古往今来，那些著名的英雄人物，诸如羽扇轻摇间飞出雄才大略的诸葛亮、生子当生孙仲谋的孙权、力拨山兮气盖世的项羽，等等，这些人生前后世都被人谈论、崇拜，真让人羡慕不已。

不过虽然人人都有当英雄的心，但成功却并不青睐每一个人。也难怪，都去当红花，谁做绿叶呀？这世间得阴阳调和，有花有叶才好看不是。

不过，咱们虽然当不成英雄，但当朋友中一个老大，为朋友献良策，解危难，应该还是心有余而力更足的吧。当朋友中的老大，不需要你开山占道，也不需要你去打家劫舍，要做的其实很简单，就是担起朋友圈中那股带头作用，时不时给大家充充电，补充一下能量就行了。

每个有人都会有许多朋友，都有自己的朋友圈，而每一个圈中，都会有一个核心人物。当然，这大哥也不是白让你当的，你至少得遇事冷静，给大家起个带头作用。当大家有了麻烦，把眼睛转向你时，你就别让自己往后缩了，赶快想个办法拉朋友一把；而当他们有了解决不了的困难时，想到的肯定还是你，你当然更得义不容辞。

朋友求到你，是把希望寄托在你身上，你千万不能双手一摊说："我也没办法呀，你们还是去求别人吧！"得，人家想敬仰你都难，谁会去崇拜一个窝囊蛋呀？还想做大哥，恐怕人家抽你一耳光的心都有了。

尊重和敬爱是一点一滴累积起来的，而勇气和胆量也是一点点锻炼出来的。当你有一个朋友圈时，你就应该锻炼自己的这种能力，担当起当大家力量源泉的作用。

朋友中有个叫林子的，别看他人小身瘦，却是朋友圈中的主心骨，大家遇到什么事，都爱去向他求教。

说起这些，林子也有些不好意思。林子说，自己生性爱动，也爱结交朋友，朋友带给了自己快乐，也让自己更加成熟。

林子说，几年前，毕业的时候，他和几个同学一起来到这座城市。因为都是同学，大家觉得不如住在一起，这样遇事好有个照应。于是，就一起租了一套房子。都是刚毕业的大学生，社会经验少，又无社会地位，混起来挺不容易的。虽然他们小心再小心，但还是出事了。那天，一个同学因为工作上的事，和顶头上司干了一架，当即被辞退了。同学哭丧着脸回到住处，死的心都有了，因为工作这么长时间，薪水还没拿到手，就又被解雇了，如何生活下去都是个问题。

看着同学的沮丧，林子心中也大为不忍，安慰同学说，先别郁闷，事情总会好起来的。这事大家帮你。安顿下同学，林子就来到同学的公司，跟他们交涉。虽然是跟上司吵闹了，但责任并不完全在同学，所以，既然辞退，也得把薪水清了。林子说得有理有据，让那家公司的领导颇为服气，当即就给同学清了薪水。回过头，林子就帮着同学寻找其他的公司就业。又是上网看信息，又是托人找关系，忙碌了差不多半个月，总算帮同学再安置了一家公司。

这事刚过不久，林子的朋友圈又出了问题。遇到经济不景气，林子的公司进行裁员，像林子这样的新手，当然是被裁之列。而和他一起退下来的，还有另外的三个同学。刚扬起的帆就折了杆，大家郁闷极了，有人说干脆回老家吧，不在这里混了……

林子什么也没说，独自在床上躺了半天，然后起来，对朋友们手一挥说，天无绝人之路，不就是失去一份工作嘛，没有工作，咱们自己给自己工作行不！

林子的父亲在老家是颇有名气的厨师，林子决定利用先天条件，给朋友们找条活路。构想了一番，林子立马行动起来，几个人在他的建议下，拿出所有的积蓄，开了一家小型快餐店。为了经营出特色，林子把父亲从老家请来，专做家乡特色小菜。然后他又上网查阅信息，不断变化经营的品种和花样。几个朋友齐心协力把小快餐厅搞得风声水起。

一年半之后，林子的特色快餐，已经发展到了四五个分店，而当初跟他一起创业的朋友，现在都是分店的老板。

脚下的路千万条，生存的道也多得数不清，只要肯做，照样可能得到自己人生的成功。

林子说，我这真是被逼出来的。当初，我们揣着文凭来打工，但辛苦一个月，也就是那么一丁点钱，还得遭受老板的白眼，同事的挤压。自己当老板，虽然辛苦了些，但挣的要多得多。我就是觉得，当朋友手中有足够活动的金钱时，才会对命运有更多的选择，才有胆再去做自己想做的事。所以，我想带着大家先挣钱。

也的确如此。当初和林子一起打拼的人，有一个已经另开了一家公司，而资金就是来自他的特色快餐厅。另一个正在考虑往上发展一步，开更大的公司。试想，假若没有当初林子的带头。恐怕这伙哥们现在还窝在公司里，当着所谓的白领，向别人廉价出卖自己的劳动力吧。

这个社会是需要打拼的，当你有能力带动大家的时候，别吝惜你的智慧和精力，你好，大家才好。而大家好更是你的福气，是你培养的无限资源。

人活着不可能没有朋友，做朋友就有义务分担他们的烦恼，分享他们的快乐。不但能为朋友锦上添花，更得雪中送炭，这其实是你的幸福，也是对你的一种锻炼。

别说只是朋友，我犯得着这样用心么。别忘了唇亡齿寒，当朋友有难，而你只会隔岸观火。得，用不了多久，你肯定就会成为一个孤家寡人，因为人家需要的是帮助和支持的贴心朋友，而不是说风凉话，看笑话的损友。

所以，想让自己拥有一个健康的朋友圈，想让自己的朋友一个个都是精英，那你就行动起来。别退缩，挑起朋友圈中的大梁，勇于做朋友圈中积极力量的源头。对你是至高无上的锻炼，对朋友，是幸运，遇得一位挺风遮雨的挚友。这对你，对朋友，都是只赚不赔的。当你们收获累累硕果时，你才会明白，这付出多么值得，这源头自己还真没有白当。

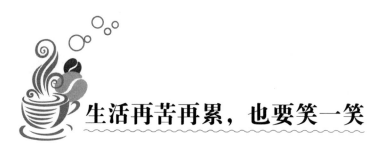

生活再苦再累，也要笑一笑

不管是在聚会中，还是在分手的时刻，不管是在生活中，还是在网络上，人们使用的最多的一句话就是：祝你快乐！

任何的交际场所，这句话成了大家共同的祝福，也几乎是所有人的心愿。看来，"快乐"这玩意，还真是一件好东西，人人都需要，人人也都喜欢。

快乐，成了我们生活中唯一一个永远不会被抛弃，也一直被人们追求着的事物。但真实的情况却是，快乐并不是一直在身边的。生活并不只有快乐，这是白痴也能明白的事情，不但不常有，说不定对某些人来说，还十分稀缺。

生活中，能够让人欢快地笑，能让人由衷觉得快乐的事情，似乎并不多。朋友聚会，和亲人团聚，领了薪水，得了意外之财……除了这些称得上快乐的因素外，你也许还会有饿着、累着、冻着、挫折、失意、贫穷、恐惧、离别……这些，没有一样可以让你觉得舒坦，甚至会让你感觉窒息。

咱只是喧嚣社会中的一员，小若微尘，想避开这些烦恼，那根本是痴人说梦，而一一品尝这些烦恼，却是机会常有。

这样看来，生活中似乎就是苦累多于欢乐，痛苦多于喜庆了。

生活貌似有点不公，但更不公平的其实还有。比如，人家和你一样的处境，但人家的欢乐却比你多得多。是不是有点不服气呀？其实，仔细观察一番，人家的欢乐都是自己寻来的，不是乞求上天赐予的，也不是从别人手里夺来的，纯粹是自己给自己制造的。

有一个外国小故事，说一个富人，有住不完的房子，花不完的钱，但他整天却非常郁闷，他找不到欢乐。他的房子太多了，就把房子租了出去。租他房子的是一家穷人，一对贫穷的父母，带着一大群缺衣少穿的孩子。

穷人一家在富人的楼上住了下来。富人看着穷人，心里暗暗得意，嘿嘿，这一家穷鬼，比起自己那真是天堂和地狱，从此，总算有比自己更郁闷、更痛苦的人了。富人本以为会看到穷人一家整天愁眉苦脸，唉声叹气的样子。但真让他郁闷，他听到的却是每天穷人的房间里都传出的快乐的笑声，听到他们兴致勃勃谈论高兴的事情。

这真是太不公平了，我这么富有，却并不快乐，他们那么清贫，却有那么多幸福事！富人很不平，就走进穷人的房间，他想看看他们得到了什么宝贝，会有那么开心。穷人一家正在吃晚饭，每人碗里都是稀得晃人影的汤水，外加一个黑面包。但穷人的儿子开心地说："爸爸，妈妈，我今天在街上的时候，看到一列车飞快地跑过来，带起我的衣服，就像在飞，那感觉真快乐！"于是，爸爸、妈妈和儿子一起笑了起来。丈夫也说："亲爱的，我今天上班的时候，老板夸奖了我，并且还给我加了奖金，孩子们，咱们明天可以吃上肉炖蘑菇了……"

"呜啦！"孩子们叫起来，又是一轮欢笑声。

富人很尴尬，他不明白这么丁点的事情，有什么好欢乐的。穷人对他说，对你来说，这也不值得欢乐，那也不屑于快乐，那么，你就只能永远地忧愁下去。生活对我们很不公，但我们不放在心上。生活中每一件事情，我们都看成是欢乐的事情，我们的欢乐当然就比你多得多啦！

明白了吧，生活中好多事其实是不公平的，所以快乐不快乐，全在自己的心情。上帝想让你痛苦，你就偏要欢乐，懂得给自己创造快乐。生活再累再苦，懂得让自己笑一笑。心情舒服了，欢乐事自然就多起来了。

聪明的人会给自己算一笔账。咱们在世上，顶多也就匆忙几十年，这几十年中，要睡觉，要上学，要就业，再结个婚，抱抱孩子，挤挤公交，受受老板的排挤，剩下的时间真的不多了，也就一转眼，凭什么不让自己快乐呀！本来属于自己的就不多，再白白浪费了，那不白痴么！

是呀，活着这么艰难，为什么不让自己多一点快乐呢？生活中经常遇到挫折，这些挫折，你就是嚎啕上十天半个月，也不能改变一点，那还不如干脆利落地忘掉。该笑就笑，该玩就玩，就当没发生那件事，是不是心情就爽了许多呢？

与其烦恼自己无能力改变的事，不如不放在心上，别让它再影响咱们的心情，无疑是最聪明的做法！

一个星期天，我和几个朋友去爬山。那天风很大，到半山腰的时候，山风猛地吹来，吹掉了两个同伴的包。眼看着他俩人的包一路翻滚跌落在深山沟里，大家一阵可惜。一个朋友心疼得直叫唤，也难怪，里面除了吃的东西，还有他的钱呢。这个朋友越想越心疼，决定顺着山沟往下去找。

这真是发晕了，那么大的山沟，攀下去可不是玩的，而最主要的，是未必能找回来。但谁也劝说不住他，只好留在原地等他。花了差不多三个小时，朋友总算回来了，累得上气不接下气，但两手空空，他说，差点把自己也跌下去，就是找不到包。一路上，这朋友都阴沉着脸，一直郁闷。另一个朋友呢，在包掉下去的霎那间，只是愣了一下，然后很快嘻笑起来说："山神都替我着想，把我的包免费接管了！"

同样是丢了包，却是两种截然不同的状况。一个让自己郁闷了一路，风景也没心看，还让不愉快的心情影响到了大家。另一个呢，一直抱着乐观的态度，收获了美丽山景，还落得一个不拘小节的美名。

生活再不如意，坎坷总有过去的一天，烦恼再多，也都有阳光灿烂的时候。本来就觉得自己活得不如意，再让心情在郁闷中度过，在丢东西的同时，咱们也连快乐一并送给瘟神了，这样岂不是让自己赔得更多？

想让自己活得开心，把苦当成甜来享受。生活中，谁也没欠咱什么，别人没欠，就别让自己再欠自己。而不会经营生活，不懂得让自己开心，其实就是自己折磨自己，自己给自己找亏欠。

有一首诗说得好：花开堪折直须折，莫待无花空折枝。生活就是如此，不如意事十之八九，做个聪明人，把这十之八九的不快乐，当做快乐来享受。

用阳光的心情看世界，每一天都是花开的日子。每天采摘一点花香，寻找一件值得快乐的事，其实是非常容易的。每天都有一件快乐的事情，每天都能采到一点花香，面对这种生活，你是不是就该每天对自己笑一笑呀？

试着这样做一下，真的会发现，其实欢乐一直就在身边的。

换位思考的人，最会获得好人缘

通常，在交际场中，人们最喜欢的，并不是那些长得漂亮，或者行为比较出格抢眼的人，而是一些善解人意的人。

这类人也许并不漂亮，也许没有华丽的衣服。但他们温柔善良，他们会在你口渴时，不声不响地为你端上一杯热茶；当你感觉疲惫时，他们会为你悄悄地递上一张凳子。他们并不张扬，却总能细腻地考虑到别人的心情，用纤细的手触摸别人柔软的神经。他们也许并不善言，但他们能很快地体察到朋友的心情，会在你需要的时候，递给你想要的东西，让你心里倍感舒爽。

这些温暖和体贴，不必用金钱，也不是讨好卖乖，只是细心地满足朋友的需求，及时地为朋友送上自己的温暖。因为他们的细心体贴，他们在朋友圈中有着广泛的人脉和非常好的人缘。人们提起他们，总是赞不绝口，而当他们有什么需要帮忙的，别人更会毫不犹豫地伸手帮助。

别羡慕他们，因为人人都可以做到这些。而想做到这一点，其实也非常简单，就是能站在别人位置上为他人考虑一下，替别人着想一点，就足矣。

懂得尊重别人，时常让自己换位思考，你的好人缘就会到来。

换位思考，是为别人送温暖，其实也是为自己修桥铺路。只有当你肯为别人着想时，别人才会为你着想。一味地光考虑自己，丝毫不顾及别人的感觉和心情，到头来不但会失去所有的朋友，自己也会沦落到光杆司令。

不懂得体谅别人，不肯换位思考的人，就如幼稚的孩童，处处由着自己的心情，还得麻烦别人再来照顾你，这种情况，你不嫌麻烦，人家都烦了。

也难怪，当你的朋友或者家人劳累了一天，回到家里，本来是想好好体验一下家庭的温暖，或者亲人的亲情的，但你却嚷着说你还饿着肚子呢，让劳累了一天的人为你做菜，替你做家务，恐怕迎接你的就是家庭 A 级大战了。

试想，你跟一帮朋友上街购物。人家陪着你采购了你想要的东西，好了，现在该你陪着人家买人家需要的东西了吧？但这时，你却说累了，走得脚都疼了。再说，自己需要的都已经买过了，何必再浪费时间呢？赶快回去，晚上还要去迪厅呢……一句话，人家可能不言不语，但心里却已经开始把你划到朋友之外了。因为你压根就不懂得尊重人家，不会换位思考。这样的你在人家眼里，简直是一个自私自利的人。交你这样的朋友，

人家心都累成碎末了，接下来的任务就是赶快想着法子远离你了。

懂得换位思考，不但会让你有好人缘，在危急时候，还会有贵人相助，帮你脱离险境。因为在换位为他人思考的同时，其实也是在为自己修桥铺路。

中苏就是朋友圈中很能为别人考虑的一个人，他因此也在朋友圈中被称为大哥。

中苏是做家具生意的，平时忙得顾不上吃饭。有一次，一个朋友结婚，提前告诉中苏，要上他那儿看家具。为了让朋友满意，中苏提前半个月就进了一批最好的家具。但让他郁闷的是，朋友看遍了整个市场后，却还是在别处定了家具。那批货是专为朋友定制的，这让其他朋友很为中苏不平，说怎么遇上这样一个不负责任的朋友。中苏一点也没在意，笑了笑说，结婚是一辈子的大事，不能因为是朋友就勉强人家。只要人家满意，我这儿没事。

做家具生意，每到冬天就是旺季。每年到这时，中苏都会进大批的货，但秋天的时候，中苏家里出了场事，手头实在紧。正在这时，朋友小刘对他说，可以帮他解决问题。原来，和中苏做对手的是小刘的表姨的姐夫，虽然拐了几个弯，

但为了帮朋友，小刘硬是托亲戚找朋友，把这个人情给说了下来。

中苏很感激朋友，但还没等他说出感激的话，小刘就说，跟我别说这个，我还欠着你的人情呢，你能为我们着想，我们就不能为你着想？

看到了吧，人心都是肉长的，当你为朋友考虑的时候，朋友就会记下你的情，到了你需要的时候，会如数奉还。这就是情谊。

不会体谅别人，不懂得为别人换位思考，凡事总站在自己的立场，唯我独尊，眼光只看到自己的得失，你以为人家不烦呀。就如把一块美玉送到你手上，你却不珍惜，人家心里能不心疼么？

常替朋友换位思考的人，不但方便了别人，自己也得到实惠，这才是双赢。

当下社会，做任何事情都需要强大的人际关系。而一份良好的人脉网络，却需要你细心经营。多为别人想一点，只不过是让自己细心一下，就能赢得朋友的尊重和爱戴，这生意只有得赚，没得赔。

所以，换位思考，不但让朋友感觉欣喜，也是给自己修桥铺路。当你拥有广泛的人脉，你才能体验，你的换位思考不是付出，而是预存，就如你把钱存进了银行里，回报你的，就是丰厚的利息。

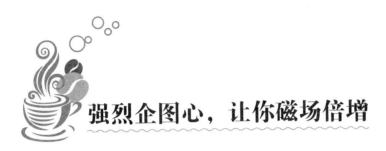

强烈企图心，让你磁场倍增

节假日的时候，你和几个朋友约好，一起去郊外徒步。朋友们很是兴奋，于是，大家准备干粮、装备，到了约定时间，一哄而来。但这时，你却发现自己有一个最大的疏漏：光是提议到郊外去玩，但目的地和怎么玩，却毫无计划。事到临头，大家才匆忙决定去哪儿，然后再怎么玩。这样的玩法肯定是疲惫多于轻松，甚至玩了一天后，大家说不定还会埋怨你：

怎么搞的嘛，一点计划都没有，让大家跟着受累。

一个计划，一个准备，其实就是你的企图心。当没有企图心时，好多事情都会变得一团糟，甚至没有成功的可能。而假如事先预定好一切计划，那么就不会出现这种无目的的混乱场面。

不管是做什么事，或者有什么计划，如果没有企图心，那将一事无成。企图心是让人们走向成功的最大动力。

企图心不是野心，别和野心混为一谈。有野心的人，并不针对某一件事，他们甚至对每一个有利益的事情都动心。有野心的人不甘于现状，总想着把不属于自己或者自己根本不可能得到的东西也要抓到手里。这类人野心勃勃，利欲熏心，为了自身利益，背信弃义，出卖朋友，哪一类缺德的事都能做得出来。这类人，不但让人内心惧怕，恐怕提起来都会心惊胆颤的。

而企图心，却只是明白自己的目标，让自己直奔目标而去，不让自己走弯路，实现自己的人生理想。

野心和企图心是两回事。一个是孤傲狂妄，一个是阳光明朗。野心是野蛮地霸占，企图心却只是让自己明确地走向自己的方向。

但让人郁闷的是，好多朋友虽然渴望成功，也希望自己的人生能圆满，但他们却大多只是想想，很少付诸行动。他们总觉得如果目标太明显了，会被别人耻笑有野心，不自量力。于是，他们羞答答地把自己的理想和抱负深藏起来，不敢行动，埋头苦行，却做了出力不讨好的事。而明确的企图心却可以让你事半功倍。

中国的教育历来以含蓄、谦让为美，当然反感那些为了自己的利益而张扬的人。因此，忍让、谦卑等等传统美德就相当受人推崇，以至于人们从小接受的就是什么谦虚使人进步，骄傲使人落后这一类的教育，不但严重遏制了蓬勃的个性发展，也把野心和理想差不多快给压死了，让许多人成了没有脑子的爬虫。虽然越来越多的人认识到教育的缺陷，但人们已经养成了忍让和谦卑的习惯，并自认为是美德，就像笼子里养的家禽，越来越安静了。虽然很温和，但恐怕一放飞大自然，就会被老虎和狮子不费力气地叼走了。圈养让人们失去了进取心，也同时失去了企图心，真是天大的悲剧。想做一番事业，一定要抛开束缚，有明确而强烈的企图心。

别拒绝企图心，企图心是你上进的动力。一个没有目标，没有企图心的人，只会跟在别人的后面唯唯诺诺，只会拣别人吃剩的菜，这样的拼搏又有什么意思呢？

看到满山开满野花，你想鲜花送美人，那就别犹豫，大胆告诉别人，你就要鲜花送美人。然后一鼓作气冲上去，得到的是美人乐，自己喜。为了这个愿望，你拼命往山上赶，唯一的目的就是采得山花归，赢得美人心。

这就是你强烈的企图心。企图心越强，成功的希望就越大，进取的动力也越强。

而当你有了强烈的企图心时，你才会想方设法为自己找捷径，为达到自己的目的而费尽心机，这其实是上进的动力。

提到 NBA，人们都会想到迈克尔·乔丹。人们看到他的风光，却很少知道他在家喻户晓之前，那些鲜为人知的拼搏。在迈克尔·乔丹读高中的时候，他就有志于篮球事业。但他那时的水平，却连高中的校队都进不去。

迈克尔·乔丹是个有着强烈企图心的人，为了实现自己的理想，他找到校队的教练，请求说："我可以不做球员，但让我和球员在一起总行吧？我可以为他们服务，我可以给他们拎球鞋，他们上场的时候，我还可以帮他们擦汗。总之，让我呆在球队就行……"

教练被他强烈的企图心感动，留下了他。从此，练球场上到处是他的身影。他早上练，中午练，下午练，一直到晚上别人都睡觉了，他还在练。他毫不掩饰他的远大抱负，他要向北卡罗来纳州大学球队进攻。

在他强烈企图心的带动下，他不但如愿进入北卡罗来纳州大学，并且还成为世界篮球史上家喻户晓的人物，被誉为"空中飞人"，创造了一代篮球文化和奇迹。

如果没有强烈的企图心支撑着他，在他受到种种打击时，他能否坚持下来，其实都是个问题。正是这强烈的企图心，让他克服一切困难，付出超出常人多得多的努力，终于让自己走向辉煌。

一个人之所以会成功，是因为他有着强烈的企图心。一个没有企图的心，当他看到一件事，就算心中有一丝打算，都会懒得去计划，去实施。

他觉得，反正来日方长，还是先让自己快乐一些时间吧。所有的计划都在消极的等待中失去，人生也就走到黄花凋落冷风秋了。

一个有着很强的企图心的人，给人的感觉就是阳光、上进。这样的人，人们不但不会反感他，反而因处处感受到他身上洋溢出来的自信和热情而倍加欣赏他。

人们都欣赏有创造力、肯干的人，而企图心让这一系列的行为更加明显。

机会从来是平等的，命运之神却更青睐有准备的人，而企图心就是他的行动的第一步。

一个人如果没有了企图心，那也就别谈什么远大理想和抱负了。他所有的理想也就是让脑子转几个圈，然后走进心爱的餐厅，泡在酒杯里，就完事大吉了。

　　没有强烈的企图心，你就没有强烈的成功欲，没有欲望哪来的动力？所以，别在乎别人说你有企图心，那是你的翅膀，而当你拥有了翅膀时，你才会更加迷人，才会引人注目。

　　所以，企图心不是野心，也不是平庸。企图心就是你的翅膀，当你为自己装上这个美丽的翅膀，你会看到，自己真的快飞起来了。

内外兼修，从此做一个积极、阳光的人

谁都希望自己人生灿烂，有着美满的生活，众多的朋友，广泛的人脉和好的人缘。

这一切，想要得到并不难，只需你有正直的心肠，丰富的知识，热情待人的行为，基本就足够了。而这一切，不但是你生活美满的前提，也是你走向成功的关键。

做到这一切，你只需爱你自己就行。

这世上的人都会爱，爱我们的家人、朋友，但若问你会不会爱自己，有些人的回答就会很迟疑。他们朦胧地感觉，自己应该是爱自己的，但爱到什么程度，怎样来爱，他们就又会茫然起来。爱自己，做到最好，貌似是很容易，但其实让许多人犯难，因为他们不知道如何爱自己。

其实，爱自己的最好表现，就是让自己成为优秀的人，成为一个内外兼修，品行优秀的人。只有这样的人，才会得到大家的喜欢，才能轻而易举地拿到自己想要的东西。也只有这种人，才会拥有更多成功的机会，众人的爱戴和喜欢。

爱自己，其实就是爱一切。

常听有人说，人活在这世上太短暂了，所以不能亏自己，得让自己快乐。这似乎是个很不错的想法，至少，他懂得来爱自己了，懂得让自己在短暂的生存空间里享受快乐。于是，他们疯狂地满足自己一切愿望，拿了薪水第一件事就是上街买刚上市的产品，高档的化妆品，或者名牌服饰，甚至花天酒地，总之怎样快乐就怎样来……

很遗憾，因为这真不是爱自己，这只是让自己打着快乐的名义去变相地加快消耗自己的生命。毫无疑问，这样的人，喜欢他们的人不会太多。一个不被喜欢的人，能说是爱自己？把自己折磨到人人尽嫌的地步，这是爱自己？

爱自己，就是让自己赢得众人的眼光，活出自我风采。爱自己的真正意义就是让自己有内涵起来。有过人的仪容、知识，走到哪儿就让人喜欢到哪儿。而这一切跟纵欲、吃喝玩乐，毫不搭边。

很容易做到吧，但其实挺难。

内外兼修，行呀，不就是让自己有仪表么。于是，有人化上厚厚的妆，穿上华丽的衣裳。再装着文雅，夹杂着半文半白的语言，这真是让人浑身掉鸡皮疙瘩。

内外兼修，一个自信而阳光的人，人们在看到他们的第一眼起，心里就会有到一种舒服的感觉，就像温暖的阳光，让人心情舒畅，感觉世间一切都充满温暖。反之，一个形象猥琐，萎靡不振的人，他就是穿着再高档的时装，脸上化着再厚的妆，也只会给人一种虚假的感觉，根本就让人觉得可怕。

一个阳光自信的人就不同了，人家浑身上下流露出来的是朝阳的气质，是得体文雅却又充满阳光的温馨。就如一块美玉，给你莹润的感觉，这怎么能跟尘世的妆扮相提并论。

内外兼修，其实很简单。第一是气质，其实就是学识。你总得知书达礼吧，虽然不能要求你学富五车，但总得知道事实。当别人谈论国际形势，国家大事的时候，你千万别冒出一句普京是谁，那不是让人家笑掉大牙吗？别让人家把咱当成外星人。这些瞄一眼电视都能知道的东西，在化妆的时候也能为自己填充一下哦。

除了这个，必要的知识你得知道。当人家越五洋，跨四海的时候，咱的眼光也不能只盯在那些花花绿绿的化妆品上。国际时讯，政治要闻，你得略知一二。

别以为咱是名校出来的就有保障。士别三日，还当刮目相看呢，何况你都毕业 N 年了，是不是也应该再看看新形势？旧的应该去，新的应该添，让自己不断吐故纳新。就如抽烟，你不可能一包烟抽到老吧，新品种新牌子你总是想试一试的。试想，脑子里不停地充进新东西，你会不会在交际场合上更有话题。

再有就是坚强。女人爱哭，虽然是梨花带雨美得很，但雨水多了，就成涝了，别把人淹着。同样，无趣的男人也如干刺猬一样，不受欢迎。你想，人家都心情愉快地去参加宴会，交际会，你来个哭哭啼啼，把人家的心情浇得阴阴的，人家能舒服么？所以，不管身处何地，不管出于什么情况，一脸的阳光灿烂，永远是人们的最爱。

这是魅力，也是气质。只有你内在的涵养达到了，这种气质才会从气质上表现出来。

一些大企业家和成功人士，他们的精神和气质，总是给人一种大气的感觉。大学教授的儒雅气质，给人的印象肯定就是温文尔雅，彬彬有礼的，这就是人的特质，是常年累月身上积累的内涵，不由自主从外表上折射出来。

没有什么比迷人的气质更加让人感觉舒服了。衣饰和化妆品只是外在的，没有内在的气质做支持，这一切都只是个华丽的表象，就像没有内容的画册，只看一眼，人家就没有了往下深翻的欲望了。

一个没有内在修养的人，就算外表再端庄，妆化得再美，充其量也只是一个美丽的芭比娃娃，只会让人抱在手里观赏。这真是悲惨，大概谁也不想让自己沦落到这地步吧。

有人评论说，杨澜是中国最美的女人。论身材，她不及某些影星的妖冶性感；论脸蛋，她不及某些人物的娇柔妩媚。但她身上流溢出来的那股气质，却不是这些脂粉气息能遮盖得住的。她大气、雍容而不俗艳，清爽而和蔼。就那么往台上一站，一个落落大方的女人形象让你不得不多看两眼。

从出道到现在，二十多年的时间，她一直是星光灿烂，永远吸引着人们的眼球，博得人们的好感。比她漂亮的女星多得去了，为什么她能一直如此？除了她身上永不消退的自信、淡雅和端庄，你不得不承认，人家是凭着这股气质走到现在的。而她的这股气质，却是她多年磨砺而来。也就是说，这么多年来，杨澜一直走在内外兼修的道路上。

二十多年前，杨澜初到央视，是个低调而清淡的女孩，不事张扬。但人们却都认得她，原因就是每次大家上班坐电梯的时候，看到杨澜，她只是低头打个招呼，然后就不声不响了，但她的嘴巴却从没停止过活动。她的嘴巴总是不出声地在动着。有些人感觉，这真是个奇怪的丫头。他们不知道，那是杨澜在背台词。

利用一切可以学习的时间学习，并且不断挑战自我，这是杨澜成功的秘诀。

正当星光灿烂前途似锦时，杨澜突然辞去电视主持人的职务，去做自己想做的事。用她的话说，生命是自己的，得为自己想做的事奋斗。这样做很辛苦，却很能磨砺人。当从风雨中走过的她出现在人们面前，她身上风情不减，反而更多了阅世的成熟和淡雅。这就是她。永远不停追求，永远奔着自己选中的路来走。

当你通过自身的奋斗，得到你想要的知识，经过风雨，你脸上涌现的是成熟和坚强。这一切都有了，你在红尘中游刃有余，哪儿都难不住你。你身上的自信和阳光，不迷死人们才怪。

内外兼修，修的是知识，是涵养，是你处世的淡定，而阳光是外面流露的，当你拥有这一切的时候，谁能说你不是一个美丽的人，一个坚强的人？

第 6 章

留住你生命中 20% 的好朋友

前面说过，十个朋友，九个泡沫。真正对你的生命产生影响的朋友只是你人脉中的少部分，占到 20% 左右，而且这 20% 中，真正能够帮你的只有 5%。看到这样的数据，很容易让人对朋友的含金量持悲观态度。但是，我想说的是，朋友不在多，在于精，而且这些数据不是一成不变的。懂得经营人脉的人，不仅能挖掘和留住更多好朋友，而且能够去伪存真，保持人脉的健康性。

朋友圈改变你的穷富

交什么样的朋友，决定什么样的人生；处在什么样的朋友圈中，就会注定你有什么样的命运。

假若你的朋友都是商人，你可能受朋友圈中商业气息的严重影响，也会走上经商的道路；你的朋友大多是政界人士，那有可能也会带动你当上政客；而假如，你身处一个污七八糟的圈子里，赌博、吸毒、嫖妓……你要能出淤泥而不染，鬼才相信。

命运跟环境密不可分。所以，很多时候，人的命运还有可能掌握在朋友手里。交对了朋友，你的人生就有可能因为朋友的帮助而光辉灿烂；如果朋友错了，你的一生也许不仅仅是黯淡无光，没准也有可能"戴银镯"，住上"免费房""吃皇粮"呢。

不管你是刚步入职场，还是江湖老客，都渴望自己成功。但想要成功，就得有一个方向。明白自己应当去做什么，应该怎样去做，这样才能有的放矢，让成功的路走得更快一些。知道重点的人会根据自己要走的路，有所取舍地选择朋友。当然了，人家选的朋友也都是对路的，是按照成功的方向设计的，所以交的朋友也大多是对自己的成功或者事业有所帮助的。

而有些人则不行，他们也想成功，却不太明白自己该做什么，从哪儿下手。

于是，胡子眉毛一把抓，什么活都干，谁的话都听。忙是够忙的，把自己整得跟陀螺一般疯狂，只落得个晕头转向的下场，却没得到自己想要的成功。

所以，想要成功，第一个选择就是找一个适合自己的朋友圈。

当年，当陈爽在同学聚会上说自己要入住 A 区时，同学们都大吃一惊。A 区其实就是这个城市的富人区，在 A 区里，住着各机关和各企业的头头脑脑，还有不少是这座城市的决策者。住在 A 区里，先不说跟这些大大小小的人物们打交道就够让人累的，首先这个环境里的开销和消费，承受得住么？要知道，陈爽可是刚毕业没多久的学生娃，和爱人的薪水加起来也不超过七千元。住进这样的小区，心理压力和生活压力够他受的了。

但陈爽决定的事，谁也改变不了。在人们的叹息声中，陈爽硬是贷款买了一套 A 区的房子，义无反顾地住了进去。同学们悄悄替陈爽算了笔账，光他这房贷，就压得人喘不过气来了，更别说还有生活费加上交际费。大家都觉得，过不了多久，陈爽一定会叫苦连天，后悔自己的冲动。

人们等着看好戏。

一年之后，当陈爽出现在人们眼前时，大家一下就直了眼，瞠目结舌了。

那天的同学会，陈爽是开着自己的私家车去的，并且一身上下都是名牌。现在有车的多，不稀罕，但陈爽作为一个一年前还贷款买房的人，能拥有自己的车，就不得不让人刮目相看了。大家不过都是都刚走出校门没多久的人，有些工作还没安定下来呢，陈爽却仿佛捡了个银行。同学们惊诧之余，就有男生搂住陈爽的肩，非常让他老实坦白，是抢了哪个银行，还是占山为王了？陈爽哈哈一笑说，现在这世界，想要成功得有头脑。

原来，陈爽入住 A 区，就是自己走向成功计划中的第一步。住进 A 区后，陈爽根据掌握的情况，开始最主要的任务：交际。没几天功夫，陈爽就和左邻右舍混得像至交老友。第二步就是投资，在陈爽的心中，有一个为自己设定的朋友圈。这些朋友全住在 A 区，对他们，陈爽很是用心，经常和他们一起打牌、吃饭，还时不时送一些他们稀罕的土特产。没多久就得到了他们的好感和信任，很快和他们打成了一片。

陈爽付出的是真情，人家付出的资源。没多久，一个企业老板给陈爽介绍一笔生意，陈爽轻轻松松就赚了一大笔。

陈爽并不吝啬，他把这笔钱一半用来再投资，给平时自己留意的人买了礼物送过去。看到陈爽如此有情有义，他的朋友当然高兴。于是，陈爽的路就更宽了，资源越来越广，生意也越做越大，如今已经有了自己的公司。而在建公司的最初，一半资源都来自于那个朋友圈的帮助。

陈爽嘿嘿笑着说，想要成功，得明白自己需要什么，该怎样才能得到自己最需要的。

陈爽凭着他的聪明一举成功，让人不得承认人家的确有头脑，懂经营。而他的一个同学，也渴望成功，却进错了朋友圈，造成和陈爽千差万别的命运。

陈爽有一个叫蒋超的同学，毕业后进了公司，也是大面积地撒网，广交朋友，希望自己能拥有广泛的人脉，一举成功。但让人郁闷的是，他总觉得所有的朋友都能够帮上自己的忙，什么人都拉来当朋友，垃圾金子齐往兜里装。有一次被一个新友拉去吃夜宵，结果与人发生口角，发生争斗，被拖进了警察局。据同学们说，至少得三四年才能出来。

交友交到这份上，就太不值得了。并不是能称为朋友的都是好人，也并不是所有的朋友都可能成为你生命中的贵人。

就如陈爽，他住进 A 区，建立自己的朋友圈，也是有选择的。并不是 A 区的每一个人都是他朋友，帮他的只是那些人中的极少数。现实中同样如此，你的朋友再多，和你私交深厚的也就那么几个人。如果这几个人是优秀的，你的朋友圈就会给你带来成功。反之，当然只会受到朋友的拖累了。

成功需要朋友的帮助，而朋友圈是一个至关重要的因素。你的朋友大多是商人，受他们的影响，你可能也会走上经商的道路；若你的朋友大多是混混、赌徒，那你的身影肯定会跟着他们出现在街头、赌场，甚至公安局。

孟母三迁的故事，人人皆知。住在墓地附近，孟子就是哭丧子；住在屠宰场边上,孟子就是卖肉的小商贩;而住在学校近邻,孟子就是一个优秀而好学的才子。

人以群分,物以类聚,亘古不变的真理。

朋友圈重要,你的头脑和眼光更为重要。没有一个冷静而清晰的头脑来选择朋友和朋友圈,只要数量,不要效果,那捧在手里的多半会是悲剧。

所以,选择优秀的朋友,选择优秀的朋友圈,才是成功的法宝。

现在的人,大多都知道朋友的重要性,也都想拥有自己的朋友圈。于是,就看到那些白领朋友为了发展自己,拼命地交友、建圈子,甚至为了向上走一层,动辄去考文凭,或者办高级会所的会员卡,薪水的大部分,都用在交际上。但这样的高投资,却没收到应有的效果,甚至适得其反,白白浪费了精力,还把自己搞得疲惫不堪。

所以,选择朋友圈,其实就是选人,不适合做朋友的人,你就是把身家性命投资进去,人家也未必会看一眼。适合自己,秉性相投的,才是组成你朋友圈的重要人选。

想要成功,就得有适合自己的朋友圈。但别把什么都想抓在手里,把所有人都看成自己的朋友。当想把一切都抓在手里的时候,或许正是你失去一切的时候。你只有一颗心脏,一副大脑,什么都顾及根本不可能。太多的主线,反而把你累得疲惫不堪。当你被乱七八糟的关系缠绕得挣不开的时候,还有精力去做你想做的事情么?当然不可能。所以,分清自己的主攻方向,挑拣出适合自己的朋友圈。朋友对了,你的世界就对了,这才是走向成功的开始。

谁是你朋友圈中 20% 的好朋友

当下社会，人们的交际越来越频繁，几乎人人都有数不清的朋友。人们忙于社交，周旋于一个或者更多的交际圈中，把交际活动安排得如赶场一般。

这样貌似很风光，似乎这样的人生才值回票价。但其实呢，虽然身处嘈杂的人群，他们内心却时常感觉孤冷，寂寞也时时敲打着他们的心扉。这让他们颇为迷茫。为什么会这样？这些不是我的朋友？那谁才是我真正的好朋友？

有迷茫是正常的，让自己义无反顾地在这种状态下走下去，才是脑子进水。有迷茫就证明，你总算明白，朋友再多，不可能每一个人都和你贴心。而更肯定的是，当你需要帮助，有了困难，他们当然也就不可能像朋友一样向你伸出手！

分不清真伪，心里怎能不畏惧，每天付出无限的精力去维持这些泡沫式"友情"，心不烦，鬼也不相信。

所以，别等有了伤害才想起该净化朋友圈，该去维持自己一生真正的好朋友。别说自己分不清，脚在自己身上，想往哪儿走就能往哪儿走。同样，真正的朋友选择起来并不难。只要你足够留心，因为真诚是装不出来的。

在你的身边，虽然簇拥着无数的"朋友"，但总有那么几个人，离你最近，与你接触最多。他们虽然没有与你有什么君子协定，也没有什么城下之盟。但当你需要朋友的时候，他们会最快地出现在你身边。这些人或许不会对你说肉麻的甜言蜜语，也不会对你逢迎巴结。当你有了灾难或者人生中出现重大的挫折，当你从最高峰跌落最低谷，那些趋炎附势之徒，恐怕是只恨父母少给自己生了两只脚，想飞快地逃离开你身边。但这时，就有这么几个人，他们会守在你的身边，给你支持，给你安慰。这些人，不会在乎你是不是高官，也不在意你是否一无所有。

他们注重的是你们的友情，关心的是你的安危和快乐，这样的人才是你真正的朋友。

你有许多个朋友，但这样的朋友却只有几个，在你众多的朋友中只占很少的数目，甚至只占你朋友总数的 20%。但你知足吧，因为这小小的 20%，其实就是你友谊里一片蔚蓝的天了。

住在锦都小区的波迪，是一个爱交际的人。每天下班要做的事不是回家，而是陪哥们去打球，或者去用酒精清洗肠胃。他的朋友太多了，陪过这个陪那个，搞得他每天团团转，都快变成"交际哥"了。为此，刚结婚不久的老婆常常批评他说，人不可以没有朋友，但你的朋友也太多了，你简直就是为了这些"朋友"才来到世上的！但波迪却振振有词地说，朋友是金，你没有付出当然就没收获。你看着吧，当哥遇到困难，我的这些朋友会让你目瞪口呆！

还真让波迪盼来了让老婆目瞪口呆的时候。一天，波迪陪几个朋友又去喝酒，喝到把两个人看成四人的程度，才摇晃着往家赶。真是醉眼昏花，竟然把红灯看成绿灯，结果，车子还没驶过十字路口，就把一个人撞飞出去，然后直直向电线杆冲去……

波迪再醒来的时候，发现自己躺在医院里。原来，昨晚几个朋友去看他，发现他又去喝酒了，就一直在他家里等着，没想到等到的却是他车祸的消息。朋友们二话没说，飞到车祸现场，把他送往医院，然后就没离开医院，一直守护到现在。波迪看着围在自己床边的人，除了这几个朋友和警察，没有一个是昨晚一起喝酒的。

酒驾，再加上车祸，这几位朋友忙得焦头烂额的。跑上奔下，帮他筹集医疗费，帮他去处理事故……而波迪几乎是因祸得福了，闯出天大的祸，自己却没事人一样躺在病床上，所有的事都是这几个朋友帮他去打理。所幸被他撞飞的人未伤致命，又是赔好话，又是赔金银，又找了不少关系从中间说和，总算把这事摆平了。几个朋友累掉了一层皮，像从鬼门关闯了一圈，波迪此时悔得眼珠子都掉下来了。

一场车祸凉了波迪交友的心，他这才发现，自己平时结交的，竟然大多是管吃不管用的。当自己有难时，肯伸手的竟然只是那么少的几位。而自己把大量的精力和财力都投放在那些无用的泡沫之上，真是赔了夫人又折兵。

虽然纠结，波迪也算有了收获，他总算看清楚，这几位一直陪在他身边，一直坚持到最后的人，才是他真正的好朋友。

"当我有困难时，那些平时甜言蜜语的都不想沾边，是你们几个一直帮助着我，我总算明白了，谁才是我真正的好朋友！"握着这几位朋友的手，波迪有些不好意思地说。

朋友在精不在多，别看到别人有庞大的交际圈，自己就疯狂地跟风。因为交际圈越大，说明泡沫越丰富，而真正的好朋友，说不定还会被你的这些泡沫冲荡到朋友圈之外。当朋友多得你数都数不清时，你的朋友队伍就难免会鱼龙混杂。这种情况下，什么样的人都有可能被你当成朋友。落井下石，隔河观火，发生这样的事，一点都不新奇。不但让你受了教训，还会给你一个足够开眼的世界。不过伤痛得自己来埋单，虽然有收获，总归是有些纠结吧。所以，不如静静心，抛开繁杂的"朋友"，只留下那么几位极少数一直站在你身边的，用心经营，用心呵护。又省力气又省钱财，双赢不赔。

别小看这少量的好朋友，他们才是你生命中的贵人。他们出自于真心来帮助你，在你需要帮助时，他们真心替你着想，他们会为你建设起一切可以利用的资源。只有在这样的朋友圈里，你才能游刃有余，才能更好地发展。

当所有的人都离开了你，那些最后仍守在你身边的，就是你一生的好朋友。他们很珍贵，所以找到了，就别再放弃。

成大事不可或缺的 8 类经典好朋友

翻开厚重的历史画卷，看那些昔日的英雄豪杰，哪一个成大事者，身边没有几个谋士朋友？诸如刘邦、宋江、武则天、李世民等。他们的这些好友，其实就是他们的智囊团、参谋连。

这些朋友们，不但一个个功夫了得，还计谋超群，有勇有谋。细分起来，什么参谋型的，鼓励型的，支持型的，还有上懂天文下知地理的。真可谓龙凤齐集，啥样人才都有。你想想，有这样强大的智囊团帮助，他们能不成功吗？正是因为这些经典的好朋友，他们才能轻松地展开翅膀，飞向自己的美好理想。

他们的成功，离不开经典的好朋友们。同样，作为一个普通人，也离不开这样的朋友们的鼎力相助。可哪些才是真正的经典好友？由此，不禁想到了著名的作家汤姆•拉思。汤姆•拉思认为，以下 8 类朋友，是你成就大事必不可少的良师益友。

1. 成就你的朋友

他们会不断激励你，让你看到自己的优点。这类朋友也可称之为导师型。他们不一定是你的师长，但他们一定会在某些领域具有丰富的经验，能经常在事业、家庭、人际交往等各方面给你提供许多建议。人生中拥有这种朋友会成为你最大的心理支柱，也常常会成为能够左右你的"偶像"。

2. 支持你的朋友

一直维护你，并在别人面前称赞你。这类朋友可谓是"你帮我，我帮你"，相互打气，使得彼此成为对方成长的垫脚石。在一个人的成长过程中，朋友的支持与鼓励是最珍贵的。当你遇到挫折时，这类朋友往往可以帮你分担一部分的心理压力，他们的信任也恰恰是你的"强心剂"。

3. 志同道合的朋友

和你兴趣相近，也是你最有可能与之相处的人。与他们在一起，会让你有心灵感应，俗称默契。你会因为想的事、说的话都与他们相近，经常有被触摸心灵的感觉。和他们交往会帮助你不断地进行自我认同，你的兴趣、人生目标或是喜好，都可以与他们分享。这种稳固的感受共享会让你获得心理上的安全感。因为有他们，你更容易实现理想，并可以快乐地成长。

4. 牵线搭桥的朋友

认识你之后，很快把你介绍给志同道合者认识。这类朋友是"帮助型"的朋友。在你得意的时候，他们的身影可能并不多见；在你失意的时候，他们却会及时地出现在你面前。他们始终愿意给予你最现实的支持，让你看到希望和机会，帮助你不断地得到积极的心理。

5. 给你打气的朋友

好玩、能让你放松的朋友。有些朋友，当我们有了心事，有了苦恼时，第一个想要倾诉的对象就是他们。这样的朋友会是很好的倾听者，让你放松。在他们面前，你没有任何心理压力，总能让你发泄出自己的郁闷，让你重获平衡的心态。

6. 开阔眼界的朋友

能让你接触新观点、新机会。这类朋友对于人生也是必不可少。他们可谓是你的"大百科全书"。这类朋友的知识广、视野宽、人际脉络多，会帮助你获得许多不同的心理感受，使你成为站得高、看得远的人。

7. 给你引路的朋友

善于帮你理清思路，需要指导和建议时去找他们。这类朋友是"指路灯"。每个人都有困难和需要，一旦靠自己的力量难以化解时，这类朋友总能最及时、最认真地考虑你的问题，给你最适当的建议。在你面对选择而焦虑、困惑时，不妨找他们聊一聊，或许能帮助你更好地理顺情绪，了解自己，明确方向。

8. 陪伴你的朋友

有了消息，不论是好是坏，总是第一个告诉他们。他们一直和你在一起。这种朋友的心胸像大海、高山一样宽广，不管何时找他们，他们都会热情相待，并且始终如一地支持你。他们是能让你感到满足和平静的朋友，有时并不需要他们太多的语言，只是默默地陪着你，就能抚平你的心情。

人生漫漫，世事多变。要想成就一番大事，你一个人能力再大，也不可能面面俱到。而现在，你身边有着这样经典的 8 类朋友。当你需要支持时，他们会真心地一致维护你；当你犹豫不前时，他们会给你鼓励和指引；当你遇到困境时，他们会给你牵线搭桥。要想成就一番大事业，你就离不开这些朋友。

你的这些朋友，是你困难时坚强的支柱；是你无助时强有力的后盾；是你犹豫不决时的强大信心。所以，珍惜你身边的这 8 类经典朋友，他们不但是你的智囊团，更是你成功必不可少的元素。

近墨者黑，在择友上把好关

《三字经》中说：人之初，性本善。性相近，习相远。

古人都说，人在刚生下来的时候，都是善良可爱的，可是一旦混入社会这个大江湖，就失去了本性。按说，他们失去本性与咱们并无关系，但若他们是咱们的朋友，这关系就大了。

近墨者黑，一个品性不好的朋友，带给你的恐怕不只会是麻烦，说不定还会因为他们，而把自己的人生也搞得疲惫不堪呢。世风日下，坏人多得数不胜数，这些人混在人群当中，瞄着别人，也瞄着你。没准你稍一疏忽的当口，人家就混进了你的朋友圈子里。像一条蛀虫一样，开始啃吃你。轻则让你麻烦不断，叫苦连天；重则，恐怕还会让你疲于奔命，没谁你人生的小船也会因为这些狐朋狗友而翻船呢。

所以，人生坎坷多，交友需谨慎。

古往今来，因为分辨不清，交友不善而出问题的故事多了去了。最著名的莫过于庞涓和孙膑，两人既是同门，又是师兄弟，还是情同手足的结义兄弟呢。结果呢，为了得到自己想要的，人家庞涓就拿自家兄弟的身家性命来交换了。一封甜蜜的信件，就让义兄欣然前往魏国。一路上，这傻义兄还在盘算着到了魏国如何同义弟一起治理国家，一起共享荣华富贵呢。他大概怎么也没想到，迎接他的却是被自家兄弟削去一双膝盖的下场。

再说那个圣人耶稣，多聪明多智慧，不同样也让徒弟中混进一个魔鬼，把自己送上了十字架？再如那有名的群英会、杯酒释兵权、鸿门宴……哪一个跟"朋友"扯不上关系？

物以类聚，人以群分。我们本来的生活就够不平静的了，当然更禁不起这些"朋友"的折腾，那还是小心一些，认真一些，择良友而交往，善人生之美谈吧。

别犯难，别说人家脸上又没都写上是坏人，一眼哪看得出谁是朱？谁是赤呀？人家虽然口口声声说自己是好人，点点滴滴往脸上贴金，但自己也没傻到没长眼睛没长脑子的地步吧？总会看，总会听，总会察言观色吧。是狐狸就会有骚味，为了净化空气，留下真正的朋友在身边，咱们不妨来个四步行。

第一步，察其言，观其行。

你平时交往的人中，肯定不乏大志大勇者。这些人和你说话，不是壮言，就是豪语。搂着你的肩，拍着你的胸，说什么当你的朋友，那和你真是患难相交，有事说一声，哥们肯定得两肋插刀才够义气。这话记下没？他们说了多少遍？

其实说多少遍都无所谓，最重要的是，他们履行过一次没？如果没，那百分百就是光说不练的主啦。这类人主要功夫在嘴上，一般成就不了什么事业。也难怪，说得多了，肯定就没得时间去做了。这类人，最好别把他们划在自己的朋友圈之内，否则，有可能你也沾上人家光说不练的毛病，那可真是惨了。

第二步，利益与真情的交量。

你的生活中突然出现意外情况，并且还可能跟利益和金钱扯上关系。但让你纠结的是，和你竞争的，或者和你一起被牵扯到这竞争圈的，竟然是和你情同手足的"朋友"。正当你左右不安，你的某些朋友就出场了。去跟他们谈谈钱的事，或者把眼前的状态分析清楚。就拿那场利益之争来说事吧，你总是念着朋友之情，但还没说出退出之话。人家就大包大揽地搂着你说，放心吧，啥能抵得过咱们兄弟的情谊呢。这事我还能对不起大哥么！但结果呢，却是你刚转过身，人家早暗度陈仓了。

你现在总算是明白了什么叫交情了。人家跟你那只是表面朋友，而一旦牵涉到利益和金钱时，人家就把你踢到朋友之外了。先别心里窝火，虽然吃亏了，总算是看清了这是属于"黑"道的朋友。在利益面前没有友情的人，是不能同行赶路的。先收起伤心，赶快逃离吧，免得将来受伤更深。

淘汰到第三局，别以为剩下的都是精英了。你因为大意，让自己陷进某些错误中，麻烦的是你竟然不自觉，还在自以为是。这时候，就要看那些围在你身边的朋友们的表现了。有些人貌似在为你宽心，嘻嘻哈哈的，轻松得一点事没有。你有眼睛，也有脑子，这时能否看清这些"朋友"的告诫？不是人家没看到你的状态，而是人家觉得事不关己，不想说而已。不想说就只能打哈哈了。

这类人，大多是抱着不关自己事不开口的态度。反正受伤是你的事，与人家无关。这类人就如仪态大方的薛宝钗，看似落落大方，雍容华贵，但实质内心冷漠，毫无怜惜之情。当你落在坑里，或者掉进水里，你甭指望他们能伸手拉你一把，他们有可能做的就是赶快转过脸去，装作没看到你的困境。

所以，这类人，你别贪恋人家的笑脸了。赶快告诉自己，笑里藏刀就是这样子的，把自己的热情收回来吧，免得到时被卖了还在高兴地替人家数钱呢。和这类人的表现相反，还有一些人，可能会痛心地批评你，骂你没长眼睛，脑子进水了，替你分析你的失败之处，然后又喋喋不休地告诉你这也要注意，那也要小心。别烦人家的啰嗦，也别嫌人家的话难听。这些人，才是你的真正良友。

过五关斩六将，你总算涮清了身边的泡沫，是不是感觉到轻松了？虽然这一路下来，让你损兵折将，但你却找到了那些可以一直陪你走到底的真正朋友。现在，你可以放心了，你身边没有墨，不必再担心被染黑了。

虽然辛苦了些，磨难了些，但现在有了这些朋友，你以后的人生之路，一般就不会出现什么问题了。因为他们有品有行，不但会影响着你，还会帮助你，让你和他们一样优秀起来。

英国大文豪莎士比亚说："有很多良友，胜过有很多财富。"著名科学家爱因斯坦也说："世间最美好的东西，莫过于有几个头脑和心地都很正直的严正的朋友。"你现在就偷着乐去吧，因为这些，你都得到了。

活用"1:25 裂变定律"

小小诸葛亮，独坐军中帐，摆成八卦阵，专抓飞来将。

不用说，大家就知道说的是蜘蛛。貌似跟朋友扯不上边，但细想想，生活中，交际圈，跟这蜘蛛网有多相似呢？都是四通八达，层层结织，细密罗织。

比如，你有一个好朋友，而你好朋友也有许多好朋友。某一天，你在路上和一个人不经意撞上了，正待挥拳相向，突然意外地获悉，这人原来竟然是你好朋友的好朋友。这时候，你举起的拳还有落下去的必要么？而他的恶语相向是不是也早已换了笑靥如花呢。而你们，真是不打不相识，这意外一撞，竟然又让你和他撞出一个朋友来了。

完全有可能。

在我们的交际圈中，许多朋友关系，层层叠叠由里往外蔓延着，越结越大，朋友也越来越多。就如原子核的裂变，只要你愿意，这朋友圈就可以一直裂变下去，变得无限壮大。根据这些裂变原理，博恩•思希这位著名的研究人脉学的学者，发现交际圈中也存在这种有趣的裂变现象。

于是提出了他著名的理论——1:25 裂变定律。裂变定律说，如果你认得一个人，那么你就完全有可能通过这个人，再认识其他的 25 个人。

这真是个有趣的定律，并且这个定律其实不用实验，凡处在交际圈中的人，都有这体会和经验。

处在这个信息最飞速发达的时代，如果不好好利用一下，还真亏了先人的发现呢。而许多聪明的人，早就在以身试验这个裂变效应了。

当你想事业成功，没有人脉和朋友肯定不行。但提到朋友和关系，你就难免忧心忡忡。咱小老百姓一个，既没有当官的做后台，也没有哪位显赫的人物来做自己的贵人。就如一只大鸟，展开翅膀却没有东风可乘，是不是很悲哀？

其实不必悲哀，因为处在这个信息量飞速发展的时代，只要你肯动脑子，几乎没有你想得而得不到的东西。

闫会大学毕业那一年，就给自己立下誓言，要在五年内打拼出一番天地。雄心勃勃地来到这个城市，小伙子才真傻了眼。初到这里，人生地不熟，什么都不方便不习惯。这些都还能忍受，最让闫会感觉难堪的是自己的工作。闫会因为身材瘦小，刚来时找了好几家公司，人家都把他拒之门外，一直忙碌了半个多月，才有一家批发公司肯收留他，让他做验货的工作。工作虽然暂时有了着落，但薪水却低得可怜。每月除了必需的生活费，再交交房租，几乎月月都当月光族。

社会太复杂，现实也太骨感，想想自己当初的雄心大志，闫会就差没流眼泪了。原来现实跟自己的想象根本就是两层天，别说五年之内闯出什么天地来，就现在的情况来看，能让自己在五年内别饿死，都是大难题呢。

愁归愁，闫会是个有志气的男生，马上就又给自己鼓气，再骨感的现实，也要拼出一份天来！

八月中秋的时候，老板为了向员工展示爱心，就把几个职员请到家里，一起吃团圆饭。席间，酒多了，老板的话也多起来，讲起自己当年的创业史。原来，当年老板来到这个城市时，也是一无所有，为了生存，他先是给一家批发店当送货员。做熟了，他也跟老板成了朋友。看他辛勤心眼实，老板对他欣赏有加。干了七八年，他手里有了小小一笔资金。手里有了钱，心自然就野了。想到自己在批发店做了这么久，经验是有了，自己也完全可以开个批发店么，这样，比给人家当工人可要强得多。想归想，做起来就难了。一家批发店，从租房到定货，光资金至少就得十几万，而自己手上也不过两三万。老板似乎看出他的心思，向他伸出帮助之手，免费提供给他两间房做店面用，并且还帮他赊货。

闫会的老板挺感激地说，自己那老板真是位大善人，因为他的帮助，自己才一路闯过来，有了现在的大批发公司。不过，自己也没忘本，现在还和原来的老板有着联系，老板一直是自己最大的一个供货点。多年的交情，两人也从原来的雇佣关系变成铁杆好友。

说者无心，听者有意。闫会老板说的这位好友，因为经常去人家公司拉货，闫会早已认得，只是他没想到那样一个老板原来这么肯帮助人。

打那天起，闫会对工作更卖力了，不怕苦，不怕累，也没跟老板争过工资。这让老板非常欣赏，觉得这小伙子还值得交往，至少在这个物欲横流的时代，能有这样实心的小伙子实在难得，很快就把闫会当成知心朋友来对待。关系近了，自然话也多。不但给闫会讲了许多生意上的事情，还把他带进了自己的朋友圈。这些人一般都是大老板，要钱有钱，要势有势。

通过老板结识他的朋友们，这正是闫会这些时日处心积虑的事情。通过老板的朋友，来实现自己的理想，这是闫会心中的小九九。

闫会表现得很优秀，除了对人家必要的毕恭毕敬，还不失时机地向人家展示所有的优点，比如勤快，善良之类的，当然也辅助了一些小礼物或者小讨好。功夫不负有心人，闫会的努力很快有了回报，几个想做慈善的人终于找到了最好的目标——闫会。

四年后，闫会在东城开了一家超市，资金是某一位义父提供的。义父嘛，自然就是老板的某一位朋友了。超市里的许多货，也是某位朋友帮忙联系的，并且是赊账形式的。当然，过年过节的时候，这些老板们的公司也都是闫会的老主顾。因为这些朋友们的帮助，闫会的超市做得很好，半年后，又在西城开了一家连锁店。如今，闫会已经是拥有四五家连锁店的大型超市老板了。

不过十年，就能成就自己的事业，和今后漫漫一生相比，从前的那几年辛苦还是蛮值得的。

所以，别郁闷自己的朋友少，也别怕因为朋友少而难遇到贵人。只要你有一个朋友，你就有可能通过他再结识5个朋友，而再通过这5个，你就能再结识25个。这些朋友中只要有一个你觉得是有用的，可以帮得上自己的贵人，那么你就可以灵活游动，就像走在一张四通八达的蜘蛛网上，沿着这条线，到达那条线，一直走到自己想要到达的位置上。如此层层循环下去，还怕找不到帮助你的贵人？还怕没有成功的机遇？

当然这一切都不是想有就有的，你至少得相对地付出，比如真诚、善良……总之是人家喜欢的。别觉得自己是投机商，现实就是这个理，资源是大家的，谁都有资格享用。当然，拿到这一切，前提是你必须真诚，你得让人家喜欢你。否则，再努力也只是白搭，没有人傻到去帮一个自己讨厌的人。

灵活运用 1:25 裂变定律，既是上帝给你安排的成功之路，也是考验你聪明才智的试金石。

运用六度分隔理论把陌生人变贵人

　　生活中，最让人得意的事情，莫过于正在失意中，突然贵人降临，救你危难，解你水火。于是，人人都渴望自己一生中能多遇几个贵人。

　　虽然有美好心愿，他们却不得不郁闷地叹息：贵人真是太少了，并且还都不青睐自己。看到人家一个个遇到了贵人，如鱼得水，羡慕得眼睛都绿了。

　　其实，每一个人身边都暗藏着无数的贵人，但贵人却总与你擦肩而过，这就只能说是你的原因了，因为你不懂得如何让自己抓住这些从身边倏忽而过的贵人，真是可惜。

　　那天，朋友聚会，一个叫小宇的朋友迟到了。大家问他做什么去了，小宇说，他姑姑的小姑子的侄子结婚，所以他去参加婚礼了……小宇的话还没说完，大家就笑得直不起腰。说这都八百辈子以外的亲戚了，还有必要去参加人家的婚礼么？

　　也难怪大家笑，这样的亲戚关系还真是几扁担都抢不着的呢。但小宇却不这样认为，他不服气地说："笑什么，亲戚关系是有点拐弯。但我这一去参加他的婚礼，我们不就成了朋友了？抛开亲戚不说，我去参加朋友婚礼，也说得过去呀。就因为今天的婚礼，我又认得了一位新朋友嘛！"

　　其实不光小宇，好多朋友间的关系都是这样子的。本来大家素不相识，偶然通过朋友或者朋友的朋友把大家约在一起，一起吃了一顿便饭，或者蹦了一场迪，突然发现自己竟然跟这位新结识的朋友挺投缘。关系迅速发展起来，亲密程度甚至超过了引见他们认识的中间人。

细细观察，人际关系，也几乎都是这样绕来绕去的。你的朋友就是他的朋友，他的朋友又是我的朋友，我的朋友又是你的朋友，这样一来，看似两个不相关的陌生人，却有着千丝万缕的内在联系。

这个有趣的现象，早就被哈佛大学心理学教授斯坦利·米尔格拉姆（1933～1984年）所注意到。他曾做过一个有趣的试验，通过这个实验，他发现，人和人之间其实是有着某种信息在牵连着的。两个看似互不相关的陌生人，他们中间所隔的生人不会超过六个。也就是说，如果你想认识一个陌生人，那么，顶多通过六个人你就能达到自己的目标。他把这种有趣的现象，称之为六度分隔。

小宇仍在得意地说："我今天其实收获很大的，我姑姑的小姑子的这个侄子，可是值得结识的一个人呢。人家年纪轻轻的，就有自己的公司，并且朋友资源广泛得很，说不定正是我的贵人呢……"

小宇的话虽然很势利，但当下社会，资源第一，想要成功，除了你自身必需的技能之外，还有一个重要的成功诱因就是人脉资源。而六度分隔理论其实就是把一种智慧交到你手上，让你在交际圈中，利用这个分隔理论，得心应手地接近自己想要接近的资源和贵人。

张竟最近运气很背，自己苦心经营的医药公司，这一季度产品非但没按自己的意愿节节攀升，还有一落千丈的趋势。许多原有的客户也有转向的意图，让张竟急得心里眼里都是火，却无计可施。

看他郁闷，一个叫孟尘的朋友便拉他出来散心。酒菜点上，张竟心中有事，虽然佳肴满桌，却一口都吃不下去。看他闷闷不乐的，和孟尘一同过来的一个陌生朋友开导他，给他讲起自己朋友创业的故事。早些年，他也是看准了医药的营销而办了一家公司。刚开始创业时，那可真是举步维艰。第一是资金短缺，求爷爷告奶奶，磨破了嘴皮，终于搞来了钱。千辛万苦置好了货，那些客户却都不买他的货，人家都直奔关系户去了，他依然是坐冷板凳。正绝望得想要自杀，贵人降临了。另一个在医药市场经营多年的朋友，看他艰难，就把他引荐到自己的朋友圈中，给他介绍了许多这方面的客户，一下就把销路打开了。

真是踏破铁鞋无觅处，得来全不费功夫。孟尘这位朋友的话还没讲完，张竟的心眼就动开了，他看上人家朋友的朋友的交际圈，如果自己也和这位热心仗义的人成为朋友，那自己的商业路也是大红灯笼高高挂呀！张竟感觉心窍顿开，当即喜笑颜开，大杯喝酒，大块吃肉。朋友们虽然暗暗称奇，却都不知道张竟心里已经有主意了。

第二天，张竟拿着孟尘朋友的名片就找到了对方的公司，递上名片，说自己跟这名片的主人铁打的关系，如今自己遇到困难了，所以朋友就把自己介绍到这来，求他帮忙了。看在朋友的面上，那位不好意思拒绝，细看了张竟公司的产品后，没多久就和他联手经营，把积压货处理得差不多。

看到人家如此热心帮助，张竟也不含糊，把价格落到最低，把折扣都给了他。这一下更让那位贵人高兴了，觉得张竟豪爽直性，是个可交之人。从此，两人成了长久的合作关系。

成功只青睐有准备的人，当你毫无准备去打仗时，败仗准保就是你的收获。但若是你处处留心，一发现贵人的苗子，就赶快储备收藏。人力资源足了，想做什么事，就如千手观音，耳听八方，面面俱到，成功当然就非你莫属。

上帝给人的机会几乎都是平等的，人家能从一点一滴的信息中获得贵人的信息，知道谁是自己的贵人。哪怕这贵人只是一个陌生人，人家也会顺藤摸瓜，摘下藏在累累绿叶下的瓜。为什么你就不能？

贵人不是站在你面前，等你随时取用的。贵人只是一个机会，虽然困难重重，但并不是不能得到。不就是中间多转了几个朋友才能到达么，不就是让你充分试验你的交际才能，通过朋友辗转到贵人身边么。又不是翻山越岭，也不是刀山火海，只要你肯，绝对能抓得住飘在风中的贵人的衣袂。

机会是相等的，就看你用心不用。处处留心皆是商机，想要事业蓬勃发展，就睁大眼睛，八方撒网，找出藏在朋友后面的贵人。

不必惧怕贵人只是个陌生人，再亲密的朋友也不是凭空出现的，都是从陌生人中走来的。从陌生人到知己，到良友，不是不可能，也许只是多走几步路，多转几个弯。但当你得到你想要的充分资源时，你就知道，这弯转得值。

所以，即使是朋友的朋友，或者只是一个陌生人，当你感觉到那是你的贵人时，就带着六度分隔理论，迂回挺进，把贵人拉到自己的身边。

这些贵人，其实只是上帝为试试你的诚心，你只需拨开藤蔓，就能握住藏在后面的贵人的手。只需一伸手，何乐不为呢？

交友时一定要规避的五个心理效应

有一个心理学教授，曾在他的学生中间做过这样一个有趣的试验。他把学生分成两组，然后拿来一张画像。他拿着画像对第一组的同学说，请描绘一下他们看到的这张画像，并对他们说，这画像上的人是一个大科学家，知识深厚。教授又来到第二组，同样是这张画像，但他又改了口，对学生们说，这画像的主人是一个逃犯，正被通缉中。

结果可想而知，第一组的学生，描绘时用的全是赞美性的语言，什么面相慈祥和善呀，一看就知道是一位有知识、有修养的儒雅大师；第二组呢，直接说这个人一看就知道是穷凶极恶的，那眼神都闪着恶毒的邪念呢。

试验不复杂，道理也很简单，那就是说，人的心理作用对人的言行起到非常大的作用。当你决定去爬山时，你觉得这是个很轻松的活动，你肯定就会玩得愉快；反之，当你觉得这纯粹没事找事，你是被强迫着做这事的，这一爬山行程肯定就会因为你的心情，而让你更加疲惫不堪，心里直诅咒再也不要来参加这样的活动了，真是把人往绝路上逼！

人的心理活动，伴随着人的思想，时时影响着人的行为，但若太主观地相信自己的心理，很可能就会让自己走进误区。人们因心理因素，会促成许多事的直接后果，虽然不是致人疯狂的毛病，但若是把较强的心理活动也应用到社交场合，有时候恐怕就会给你带来苦果了。

人们被自己的心理效应影响着日常生活，甚至左右自己的思想。不过也难怪，心理感觉是自己的第一印象，如果自己的感觉都不能相信，这世上还有谁能相信？相信心理其实就是相信自己，虽然有时自己的感觉并不一定对。

相信自己本没错，但有时却就这么奇怪，自己也会被自己出卖。当被自己错误的感觉诱导着往前走的时候，不但被自己出卖，没准还会失去一些千载难逢的好机会呢。

所以，在交际场上，不想让自己失去机会，失去一些弥足珍贵的人的话，就得尽力避开一些心理效应。因为这些先入为主的心理效应，极有可能误导着你走向相反的地方。

1. 首因效应

许多人在认识新朋友时，总凭着第一感觉来给人打分。当别人介绍一个新朋友给你时，你立马瞪大了眼睛，心里鄙视地说：这穿得花里胡哨的，能是个善良之辈？这德性，能是君子？花花公子还差不多吧！一眼就给判了死刑了。因为没过第一感觉的关，马上就没有了交往下去的心情。

这真是一个不好的习惯，因为第一眼，你看在眼里的，其实连轮廓也不是，这就么匆匆一眼，你因为不喜欢，就把一个人拒之门外。而当有一天，你突然发现那人是一个值得交往的人，但你却因为第一感觉不好，一直把人家拒之门之外。就此失去一个可以做你左膀右臂的知己良友，这朋友丢得多可惜。这就是交际场中的首因效应，害的只能是自己。

2. 近因效应

你看好一个下属好久了，有心提拔。但最近人家出了点状况，心情郁闷，就借酒浇愁，并且酒醉之态还偏让你给看到了。你没有进行深入调查，马上推翻了自己对人家的原有好感，觉得这个下属真会伪装呀，竟然把自己骗得那么久。得，一句话，踢！但让你想不到的是，人家换了公司，做得风声水起，看到对手公司因为有了他，如虎添翼，这时候，就是悔青了肠子，还有得补救么？这一个是近因效应，同样是可以让你做错事的心理作用。

3.晕轮效应

当你刚结识某个人，因为不了解，就想听听别人的意见。结果人家对你说，这人很君子，很有德行。你的心里会不会马上觉得，自己真没看走眼，原来这人挺值得深交？但你真错了，这人跟你没交往几天，就说有急事借你一笔钱，说定三天还。先前的感觉留在你心中，你当然是想都没想就双手送出。但结果呢，别说三天，三年后你连人家的影子都没见到过，这才发现自己真是个白痴，竟然这么容易就相信了别人的话，让自己活生生上了当。这一种就叫晕轮效应，给害得不浅吧？

4.刻板效应

你看到一个光芒四射的明星，一定会觉得他人前身后都是，风光无限吧。其实不然，也许人前他风光无限，但背后却沧桑遍布呢。同样的，在交际场上，一个被光环笼罩着的人，未必就会是一个诚实或者有责任心的人。身上的光辉只是人们的评论或外在的影响给加上去的。而一个人的真实品行，你只有深交了才能感觉到，任何的心理效应，告诉你的都只是表象。所以，过分相信自己的心理，纯粹是给自己找麻烦。

5.投射效应

和人交往，最烦的大概就是别人会以小人之心度君子之腹。而其实，咱们自己也犯这样的错误。当你喜欢某一样东西时，大概会不自觉地认为朋友们也会喜欢。所以，你们去聚餐，你会按着自己的口味点菜，还自以为是地认为为朋友们做了一件好事；你喜欢蹦迪，所以每次大家一起出来玩，你必定要带着大家去迪厅。你蹦得很快乐，却没看到朋友眼中那丝疲惫和不悦。所以，有时候别太自我，尤其是交际场，和大家在一起的时候，多问一下大家的意思，会比你自作主张效果要好得多。

这五种常见的交际心理效应，几乎存在于每个人的身上，只是你没有发觉，而当你感觉到时，说不定朋友已经离你远去了。

那天，一个朋友跟我说起她朋友小青的事。

小青初到公司时，大家看她一张洋娃娃似的脸，眉眼含笑，都十分喜欢她，一下班就有年轻人往她房间里拥。不到一星期，小青就到我朋友跟前诉苦了："你说烦不烦呀，这些人都不知道体谅别人。工作一天了，我多辛苦呀，他们却还要赖在我房间里聊天。这样的人不懂得体谅别人，不会关心人，我才不想委屈自己跟他们交朋友呢！想到他们我就烦！"

其实，人家是喜欢你才去你房间的呀。你累了，可以直接说，你要面子，掖着藏着，光摆出一副苦瓜脸，人家怎么知道你是累了，还是嫌人家呀！

进公司半年，小青没有一个知心朋友。

没有朋友就像失群的孤雁，那滋味是不好受。看到小青这样寂寞，我朋友决定给小青介绍几个朋友。有一天拉她去参加一个饭局，那天去的都是年轻人，看到小青跟身边的人聊得挺欢的，朋友心里暗暗高兴。没想到小青再见朋友的时候，依然是抱怨，说朋友介绍给她的那帮人，没一个好的！

朋友一下纠结了，因为那几个朋友，虽然性格不一，但没有一个是品行不佳，道德败坏的。小青是如何挑朋友的，竟然没有一个人入她的眼？

小青不悦地对朋友说："你那些朋友，都会伪装！那天跟我坐在一起的吧，把他们的恶习一个个都给我说了，我这人，交朋友，就得交清白的，有一点污点我都不喜欢……"

哦，朋友终于明白了，那天和小青坐在一起的朋友，大概开玩笑，把在座的几个朋友的"坏习惯"一一告诉了小青。小青一下子就对那几个新朋友排斥起来，而就连跟她坐在一起的那个最为亲密的，也因为说了别人的坏话，被小青视为精神不洁，拒绝交往。

朋友真有点哭笑不得了，人不是圣人，谁能十全十美？而你一个小姑娘，就凭别人的言行，或者一面之缘，就能给人定下好、坏的结论？这样的心态，能交到真正的朋友？

因为小青的过分苛刻，朋友和她也慢慢生分起来。朋友说，在一起感觉不舒服，不如不交往。而小青的傲慢和不近情理，恐怕她一辈子都难以交到真朋友。

是呀，光凭一面之缘，或者因为别人的诉说而先入为主，是交际场上的大忌。交友交的是心，没有真诚的心，总抱着苛求的心态去求人，怎么能交到好朋友？而这一切，却都因为自己的心理效应造成，不能不让人郁闷。

心理效应，虽然有积极的一面，但百分百也存在消极的一面。往小里说，顶多影响你的交际能力，让人家评论一声你爱用小人之心度君子之腹；往大里说，那就是没胸襟，没智慧，凭自己的主观意识办任何事情，除了失去朋友的信任，还会失去许多弥足珍贵的机会，纯粹是自己害自己。

所以，想成大事，想有一番作为，就抛开自己的小心理，别太相信自己的心理暗示，避免自己骗自己。交友时需真诚，深交才有说话权利。当你不为自己的心理所骗，交到一个个真挚的良友时，你才会知道，这些心理效应真的会骗人，应尽早抛弃。

用 80% 的精力去经营 20% 的朋友

谁不想让自己人生完美，活得成功？做到这些，首要的就是朋友得多。有一首歌里不也是大声唱着说：朋友多了路好走……这无疑是在告诉人们，朋友越多，你就越容易成功，路就越宽。譬如，你朋友多，信息量也大，有些信息从小圈子里会比在社会上得到的更早。于是，当一些有利于你发展的信息到达你头脑时，你就捷足先登，瞬间就掌握了比别人更多的成功机率。

这都是明摆着的好处。朋友的确会在你成功的路上帮你许多忙，但记清了，真朋友才肯替你做。而当下社会，人们忙忙碌碌，功利心弥漫得到处都是，不但渗入到生活中，就连纯净的朋友圈中，也灌满了利用和被利用。

因为功利的引诱，朋友圈貌似很壮大，但其实膨胀的只是水分。看上去有众多的"朋友"，但真正的朋友却只是极少数，只占你"朋友"的 20%。

这样的情形是不是非常悲伤？但这就是实情。"朋友"虽多，却只是泡沫，这些泡沫让你花费了大量的精力和财力，搞得自己疲惫不堪，有时还因为顾及这些泡沫而冷落了真正的朋友，真是得不偿失。

这种情况的确让人纠结，但聪明的人会很快调整自己的朋友圈，从泡沫上收回心思，把精力放在那 20% 的朋友身上。摈除这些泡沫之后，咱们身边剩下的这 20% 的朋友，可就是你朋友中的精英，是你真正的同路人，是可以危难时助你一把，你跌倒时拉你一把的人。

搞清了只有少数人是朋友，你大可毫不犹豫地告诉自己：本人不是做慈善的，没必要也没有义务再为那些泡沫们浪费精力。把大部分精力，从层层叠叠的泡沫中收回来，用心经营这 20% 的朋友。除了会让你自己感觉无比轻松以外，你的朋友也会因为猛然增加的热情而觉得你有人情味，你们的友谊会更上一层楼。

在朋友圈中，小亚是最爱交朋友的，三教九流，各路人马都有。小亚是搞装修工作的，平时带着一帮兄弟忙得昏天暗地，没事大家一般不去打扰他。但朋友们实在想他了，想约他一起出来聚聚，他却也是神龙不见尾的，十回有八回都找不着他的人影。打电话，不是在 A 朋友家帮忙装修，就是和 B 朋友一起在购物市场上，帮朋友选装修材料，要么就是又去给哪位哥们帮忙了，人家正装修呢。每每小亚见到我们，就一个字：累！

"你累得活该呀！谁让你自己不知珍惜自己，都把自己当牛了。自己忙得顾头不顾尾，还要去给别人尽义务，你说你活得啥滋味？"朋友不满地质问他，小亚嘿嘿一笑说："人活着，不就是得不停地为自己修桥铺路？别小看这些人，可都是路，等有了啥事，他们能缩手不管……"

上个月，小亚的装修公司突然失火，几乎烧去了他的全部家当，望着火被扑灭后的灰烬，小亚一下就软在地上。

一无所有的小亚，最渴望的就是自己东山再起。其实东山再起也挺简单的，人是现成的，就把所有的装修材料买来就行。但就是这钱让小亚为了难。从前好多工程款还没要回来，手上真没几个现钱。等米下锅的心焦小亚真尝够了，却不能解决任何问题。从前曾接受过他帮助的"朋友"，此时也都失去了桥和路的作用，人家说得冠冕堂皇，说小亚这一次大失元气，万一钱借给他，打了水漂，那人家的幸福和快乐也就完了。话说得明明白白，小亚气得差点吐血，敢情自己从前全是白费力气呀！关键时刻，没一个人记着自己的好！

不想看着小亚就此衰败下去，几个朋友商量一番，勒紧了裤带帮小亚挤出进料的钱，让他重打鼓另开张。

这一场大火，虽然让小亚损失巨大，却也烧去了小亚身边的泡沫。小亚从此是真正收回了心，除了忙工作，就是和自己这一帮打折骨头还连着筋的哥们聚一聚，说说友谊，聊聊感情，让自己轻松愉快地享受生活。

小亚说，自己是流浪人，从此终于找到组织了。

小亚说得血泪斑斑的，搞得大家啼笑皆非。一场事故换一次明白，这交易也算赚了。

那些把自己扔在交际圈中的男男女女，其实就如一条游在宽阔海湾的小鱼。看着宽阔的水湾，它心中肯定会暗暗得意：自己有这么一大片海滩，这么大的天下就是自己的，多爽呀！但随之而来的问题却是，这么大的海滩也就它一条小鱼。当那些鲨鱼和海蛇袭来的时候，它逃无可逃，也没人救得了它，只好乖乖当强大天敌的免费美餐了。看似天地广阔，其实你是孤独的，失去了同类，也就失去了生存下去的资源。

有时候，你的眼前看似朝霞满天，亭台楼阁，其实只是美丽的海市蜃楼，虚景而已。而你却为了留下这虚幻的美景，又是修桥，又是铺路的，以期自己顺利到达这些楼台的中心。但你的精力花费完了，却永远修不出一条走到这些楼台的路，这不是悲剧是什么。

所以，聪明的人不会去关注那些虚幻的美丽，他们就实在握着身边这些朋友的手，只和这些真正的朋友打交道。看似交际狭窄，但他们身边都是真正的朋友，都是精兵良将。遇到凶险，人家是一夫当关，万夫莫开，比那些成堆挤压的泡沫要强上千倍。

这样的圈子很温暖，也很轻松。闲暇时，大家约在一起，一个圆桌，一杯清茶，就联络了感情；也可以几个人约个时间去远足，在清新的大自然里疯个够，然后徒步回到自己居住的城市。这样的情形，才是真正的快乐，因为和你相处的是你真正的朋友，你和他们在一起才是如鱼得水。

当一片不大的海滩，有花草有食物，还有你和善的同类时，这才是天堂。拥有了这样的天堂，人生才是真正完美。

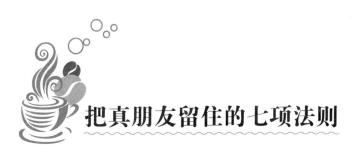

把真朋友留住的七项法则

谁都想有自己真正的朋友。真正的朋友可以交心，也可以生死相托，这样的朋友，一生遇到一两个，人生就是满当当的幸福了。

但天上掉不下馅饼来，同样，朋友也不会自己出现，就如人家歌里唱的，樱桃好吃树难栽，要想乘凉得先栽树。好朋友是从一点一滴的相处中培养出来的，这样的朋友，不是随便就能有的，你得付出心血，付出真诚。用品行滋润，用心血浇灌，这样的友情就如花卉中的君子兰，品格高雅，赏心悦目。

虽然好处多多，但此花却不易存活，你得付多于其他花儿十倍甚至更多的努力，才能培养得活。功夫不到，自然没有价值连城的友谊之花。

当今社会，拜金主义横行，物欲横流，真正的友情都被拜金者踢到地上，狠狠地从上面踩过。不过虽然稀少，真情还是有的，一旦发现好苗子，那就赶快努力栽培吧。

一天，给一个叫树的朋友打电话，约他出来喝茶。接电话的是树的老婆，没好气地说，树哑了，不会说话了！在电话里，还能听到树的老婆在不停地数落他，却没听到树吱一声。

半小时后，树来到茶室，我嘿嘿笑着问他是不是又跟妻子干仗了。树说，哪里呢，就是因为昨晚去看一个朋友。这朋友发生了点意外，树去时，朋友正没好气，就把气出在树身上了。看到朋友心里不舒服，树也没辩驳。但和树一同去朋友家的妻子却不乐意了，从昨晚开始到现在，一直喋喋不休地责怪树太好性子了，谁都能欺负。

树笑着说，不就是被朋友冲撞了两句嘛。朋友心里正不舒服呢，自己当他的出气筒，让他把火泄出来，自己虽然受点委屈，但朋友心情舒畅了，也是好事呀。

在朋友圈中，树是有名的好性子，遇到这样的事也是经常的。不过也正是因为树的性格好，能忍让，朋友们虽然有时找他撒气，但过后都把他当成知心人，这也算有失有得吧。

树很看得开，说朋友间不就是相互体谅，一点的小事都不原谅，那还交朋友做什么。朋友就是在伤心郁闷时，你帮他解烦；你在困难危急时，他帮你解脱。总是井水不犯河水，那还能成为知心朋友？做梦去吧。

树的话很简单，但确实就是这个理。朋友想长久，那就得相互体谅、忍让，站在朋友的角度上为朋友着想。你瞪我一眼，我立马还你一拳，那就不是朋友，是冤家仇人了。

有识之士都懂得友情经营之道，他们大肚能容，看似吃了一些亏，其实不管是从心理上，还是道义上，人家都是稳赚了。而古今往来，忍让朋友，为朋友做出牺牲的，也大有人在。

曾经热映的电影《赵氏孤儿》，剧情谁都不陌生。看看人家老程，在老友赵氏一家被屠岸贾灭门时，为了给老友家留下一条根，做出了多大的牺牲呀。先是用自己的独生子换了赵家孤儿的性命，又因为抚养赵家孤儿，被仇家追杀。一路奔波逃命，却还要遭受世人的不解，辱骂他卖友求荣。误解、耻骂，几乎伴随他一生，一直到赵家孤儿长大，看得人那叫一个感动。看看人家为朋友，受的是世人不能受之气；忍的是世人不能忍之苦，并且还献出娇妻爱子的性命，这番友情，世人哪个能比？

当然了，作为朋友，不可能每一个人都像程婴一样，为朋友做出如此大的牺牲。再说现在也很少有这样奇冤的事情。咱们就是当当朋友的出气筒，或者帮朋友解危难于水火中，只是一伸手的事，何乐不为呢？

只有真心实意，真诚相待，才能留得住你身边的好朋友。因为君子交往，看重的是情，是义，你有了这些，朋友才会跟着来到。

重情重义，也并不光是替朋友挡挡风，遮遮雨，这是内在的修养。这修养不但让你有副热心肠，还有贫贱不移的高风格。

有些人，贫贱时为了得到别人的帮助，屈颜讨好，小哈巴狗一般，巴结着周围的人。一旦得势，就耀武扬威起来，眼睛只朝上看，那些旧交呀，帮助过他的人呀，现在全变成了狗屎，他看一眼似乎都落了身份。这样的人，要品没品，要德没德，当然也就不可能会有真正的知心朋友。即便他身边围着数不清的人，那也是像他一样的人。现在需要利用他，所以巴结他，而一旦他倒台，这些人也会如他当初离开朋友一样，毫不犹豫地离开他。

所谓的现世报，大抵也是多说这类人。

贫贱朋友交往的时候并不是抱着为了利益的心情往来。早在汉代，宏光就说过，贫贱之交不可忘。虽然咱们现在在青云之上，但谁能保证你不会失足从云端掉下来呢？当你失足的时候，在那些因着势利和金钱、权势与你交往的人的眼里，当然就不值一提了。而这时，珍重你的，把你看成朋友的，还是这些贫贱之交。因为在他们心里，根本就没有把你看成是什么贵人或者达官，你在他们眼里，永远是清贫时相交的那个人。

想拥有真正良友，就得用心经营。替朋友着想，为朋友考虑，对朋友的承诺努力实现。不记朋友的仇，不记朋友的过错，再加上贫贱不轻，你的品行虽然不能说是圣人，但绝对是朋友中的君子了。你是君子，你的朋友也同样会是君子。人以群分么，当你的境界达到君子境界，你再回头看，你的朋友也个顶个地是君子风格。

总之，要留下真正的朋友在身边，你只需做到以下七点就足够：（1）能予则予；（2）能做则做；（3）能忍则忍；（4）密事相语；（5）不揭彼过；（6）遭苦不舍；（7）贫贱不轻。

法则 1：能予则予

人生难得一知己，而当你有这样一位知己时，一定要懂得珍惜。当朋友有了困难，需要你的帮助，即使自己再困难，也要为朋友尽最大的力量。因为，人心都是肉长的，你这样对朋友，当你需要的时候，他们同样会这样对待你。

法则 2：能做则做

朋友间体现友谊的最佳方式就是相互帮助。只要能给朋友带来好处，即使做起来非常难，也要努力让自己去做。肯为朋友尽力，才能让友谊更坚固。

法则 3：能忍则忍

朋友之间，也会发生点摩擦，会有矛盾。但要想得开，就是自己的牙齿有时还会咬到自己的舌头呢。所以，当朋友间有了分岐，甚至发生冲突，这时候，要有足够的理智，要包容，要忍让。宽阔的胸襟是包容，也是挽留朋友最柔软却最有力的武器。

法则 4：密事相语

朋友是知心人，可以分担自己的困难，当然也可能分享自己的快乐。而自己的小秘密，其实也可以和朋友一起分享。这既是对朋友的信任，也是建立你的同盟军。有时候，你的秘密是需要朋友来和你一起分担、协商的。

法则 5：不揭彼过

别到处宣扬朋友的过失。人无完人，谁都有犯错的时候。而作为朋友，当朋友有了错处，你最好的做法就是规劝，或者指点、勉励，但绝不能让他难堪。揭人之短，犹如挥刀伤人，何况是朋友间。

法则 6：遭苦不舍

谁没有落魄的时候？三十年河东，还有三十年河西呢。当朋友落难，受苦受难的时候，你不可能舍弃他。你的安慰和温暖也许是他度过难关的最好动力。不用势利的眼光看待朋友的人生坎坷，才是真正的交心。

法则 7：贫贱不轻

朋友富贵，固然是好事，但万一他贫穷、失意，落到低谷的时候，你不能够轻视他。朋友失意时，你帮助他，提携他，足见你真性情，也足见你们的友谊之珍贵。而能够贫贱不轻的人，才是真正的患难之交，让人敬佩。

这一切，才是留住真朋友的秘诀。真朋友交往，没有委屈，没有权势，只有心和心的交往。这样的朋友在你身边，对你，对朋友，都是一笔无可比拟的财富。

第 **7** 章

借钱：交友中绕不开的一道难题

　　借钱，向来是朋友间高度敏感的话题，大家谈之色变、讳莫如深。我相信这应该是任何人都能产生共鸣的话题，谁没有过借钱的五味杂陈的经历？

　　有人调侃说，谈感情伤钱，谈钱伤感情。虽然有失偏颇，但多少能反映出当下人对朋友间借钱的敏感。大文豪莎士比亚说："不要向人借钱，也不要借给人钱。借出去的往往人财两空，借进来的则让人忘记了勤俭。"但完全做到莎翁告诫那样不借钱，又是不可能的，没有谁会坐视朋友有难而不顾的，但借钱给人家的确是个含金量不低的技术活，需要分什么人、什么事，同时需要掌握原则和技巧，那样才能避免人财两空——既损失了金钱，也失去了朋友。

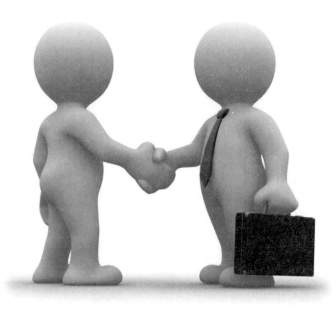

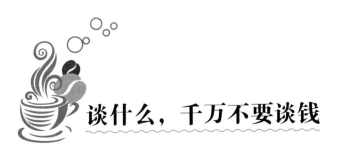

谈什么，千万不要谈钱

朋友间聚会，话题可谓五花八门，大到国内形势，国计民生，小到吃喝拉撒，油盐酱醋，有说不完的话题。这些话题，大家尽可热火朝天地海侃，但若提到一个大家都敏感的话题，恐怕聊天的气氛就会大变。

不但会像看到伊甸园的蛇一样突然噤声，恐怕有些还会面红耳赤，大显尴尬之态。

很郁闷不是，钱成为大家噤谈而让人不舒服的话题。说白了，其实是好多人被钱这条蛇咬过。比如小周，说到钱总是说自己在单位工作好，人缘好，但就一样不好。自己的薪水总是不够花，常常是每到半月就开始向同事伸手借钱度日。这让许多同事都对他嗤之以鼻，笑他是个没底漏，只有出的，没有进的。每说起这事，小周挺委屈，说，自己老家在乡下，每次领到薪水，当然得寄一部分回家孝敬老爸妈。再加上拿出一些用于交际，那剩下的丁点钱，哪里能够呢！不就是借了他们的钱么，自己又不是没还。值得他们这样小瞧自己么？

于是，自己心情不爽，把一个好好的聚会气氛也给搅黄了。

再又如，正当朋友们美滋滋地谈着大家共同喜欢的话题时，一个不识相的朋友，突然当面提出向一个朋友借钱。这一下子就把两个人推到了尴尬中了。人家借你，心有顾虑，不借，当着这么多朋友的面，多难下台。再说你吧，当着这么多的人开口借钱，目的达到了，大家都好看，达不到，大家都跟着没面子，你也脸上无光。说白了，这纯粹是给自己找罪受。

还有更让人不舒服的呢。本来好好一对朋友，一个说自己家人急病住院，只好伸手跟朋友借钱了。朋友之间，帮忙肯定是应该的，何况还是救人一命胜造七级浮屠这等好事呢。这位朋友倒也爽快，二话没说就借了。

但到自己想用钱时，人家却偏偏就不急着还。没办法只得张口催账了，没想到这一催就催毛了，借钱的人恼羞成怒，恨恨地说，奶奶的，还好朋友呢，不就是借你俩臭钱么，值得催命似地逼着还么？比周扒皮还可恶！

更郁闷的还是这事不能说，得闷在心里。说出去了，没准人家会说没一只好鸟。不说这心里实在是堵得慌。

凡事只要牵扯到钱，大多的后果就是让人心里不舒服。把这样让人心情不爽的事情提到朋友的聚会上，那肯定就是一下子搅散了美好的聚会气氛，当然是大煞风景，让人尴尬又难堪。

因为钱而把原本简单的朋友关系搞得难堪，这真让人头疼。但人在江湖，不想碰撞到钱这个问题，根本是白日做梦。

想躲也躲不掉的麻烦，这真让人纠结。

其实，更让人纠结的不是钱的问题，而是因钱引出来的各种麻烦。朋友间借钱本来没什么好怕的，好借好还，今天人家借自己的，没准明天自己有急事还要向人家伸手呢。但最可怕的就是你的这些朋友中，没准潜藏了一些品行不好的，把钱借到这种人手里，那无疑是用肉包子打狗，用羊羔赶狼。

摊上这样的朋友，借出去的钱一去不回头是意料中的事，但因此再引起朋友间的不痛快，那才是赔了夫人又折兵，心里当然纠结。

也难怪有些人怕被钱搞得不愉快，再毁了友情。那天，新加入的朋友冯琪第一次跟大家见面，就毫不客气地对在座的朋友声明说：咱们在一起，可以玩任何花样，也可以谈任何话题，但千万别跟我谈钱。

这话说得多难听，好像他面前坐着的不是朋友，而是一群狼。搞得大家心里不悦不说，还让他把自己整成一个以小人之心度君子之腹的人了。

冯琪委屈地说，我不也是不想因为钱而毁了友情么，我要没吃过亏，能这样说么。

接着冯琪告诉大家，刚进公司那会儿，认得公司里一个叫吴良的同事。人家那话说得，镶金裹玉，滴水不漏，亲热得就跟是我亲兄弟似的。

进公司半年，有次刚拿到薪水，吴良就搂着冯琪的肩膀说，我今天回家看老妈，手头实在紧，你先借我点，回头就给你！看在人家拿自己当亲兄弟的份上，这钱无论如何得借。于是，一个月的薪水转眼就剩下了不到三分之一。

吴良当时说得漂亮，回头就还。但这一回头就回了好几个月，也没有还钱的音。冯琪是真急了，那天直接要了。结果呢，吴良倒干脆，说，呀，你不说我都忘了，我借过你的钱么？

冯琪一下就哑了口，人家忘了，那这是自己在赖他么？

冯琪从此闭了口，再也不跟吴良提还钱的事，当然友情也被裂了。他从此被钱砸碎了心，再亲近的朋友，第一次见面都会先声明：别跟自己谈钱事。

因为钱，朋友做到这份上，的确让人难堪，看来钱还真是个麻烦事。

但人生活在凡尘，就得食人间烟火，就得跟任何麻烦事打交道。钱，更是首当其冲。所以一棍子打死，躲着不谈，这都不是办法，也太降低了身份。最好的办法就是看人下菜碟，认得清白的朋友，是朋友且人品正，谈钱当然没事。不在朋友范围内，当然也就不会有钱的麻烦了。

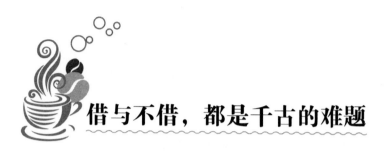

借与不借，都是千古的难题

朋友间的分裂，理由多种多样，但因为钱做引线的，却是大多数。有些人因为钱，互不搭理，成了陌路。因为钱而反目成仇，咬牙切齿的，也大有人在。

从古到今，人们似乎都在被借钱这个生活中最平常最普通的事困绕着。不过人家讲究的是"一诺千金"，借人家的就一定得还，如果还不上，那就拿其他的东西相抵呗。最著名的就是漂母救韩信。当年，韩信落魄至快要饿死了，遇到正在吃饭的漂母，于是乞求老妈妈可怜自己，借一碗饭吃，并承诺以后千金相还。人家韩信还真说到办到，以后发了迹，果然把金条、元宝往老漂母家搬。这是真君子的作法，现代人是少有这种风骨和勇气的，再说也不缺那碗饭。

而对于没有还账能力的人，古人也相当开明，那就干脆不用"借"，直接送给你得了，所以才有了许多仗义疏财，千金赠义士的千古佳话。这方面的典范当属陶朱公范蠡。人家老范经商有道，挣得家财万贯，有钱了，借的人自然就多起来。每每有乡邻来借钱，陶朱公是你要多少给多少，并且不要打借条，白送了。人家陶朱公是聪明，晓得你还不起，干脆让给你个轻松。

这些留下美名的人，都是古人。但在现实中，尤其是朋友间的借钱，还是让人们倍伤脑筋。借钱是朋友间很常见的一件事，但不知何时，变成了一只烫手的山芋，让人拿不得，碰不得，甚至成了扼杀友请的隐性杀手。

一提到借钱，借的和被借的，大都有说不出的委屈。那苦大仇深的表情，就貌似自己在借钱这个问题上，吃尽了苦头，尝遍了酸甜苦辣。借的人心里很是不悦，愤愤说，不就是借你几个钱么，怎么就把我看成了强盗，貌似这钱到了我手里，就真的一去不回头，这不明摆着藐视我的人品么？！

被借的人同样委屈万分。那钱，是我的心血所换呀，遇到没良心的人，一去不复还，你说我们冤不？等到借了不还时，咱们再分裂，还不如现在干脆利落，至少我钱上还不受损失吧！

"傻子才会借钱给别人呢！"一位朋友愤愤地说。朋友说，自己从上班的第二年起，就给自己定下规距，再借钱给别人，自己就是龟孙子。看来不是受伤害深，不会如此痛心呀。果然如此，朋友说，进公司第一年，三个月薪水一起发。自己拿着薪水还没走出财务室的门，一个同事就说，急用，先借一下，明天就还。

一天就还，当然想要落个人情，朋友就把钱借出去了。但第二天，人家见他提都不提钱。自己又不急用，朋友也不好意思催，那就再等等吧。

但这一等就是好几个月，最后朋友真急了，去要了，没想到人家语出惊人：我借你钱了？呀，都忘了，再等等，等我领了薪水还你！

这一等就又是好几个月，朋友恨得牙都是痒的，却毫无办法。

借钱是情谊，人家借给你了，就别再让人家受心理折磨。但许多人却不明白这个理，总觉得借了钱，钱就是自己的，得由自己支配，这样的心态，下一次谁还敢借给你？

向人家古人学吧，借钱行，你得付利息。再说《红楼梦》里的王熙凤，这么一个富家贵妇人，不缺钱吧，也乐善好施，借钱可以呀，借给你。但不是白借的，要有高利贷，你再借的时候，就先想好啊，别说到时我坑了你。

有了利息卡着，你心里能不心疼自己的血汗吗？还得白给人家交利息呢，当然就急于还钱了。

而现在的朋友们之间，借个钱，谁好意思跟你要利息。但人家大方了，你也别为难人家，好好还钱不就得了。却偏不，就好像钱借过来，还真成了自己似的。

而要账的，反倒求你来了。

都是借钱惹的祸。看来，这借与不借还真是为难事呢。借吧，万一对方真是一只潜伏的狼，这一嘴咬下去，损失的不光是钱，还有心碎呀，怎么想都不值得。不借吧，对不起这多年的友谊，而最重要的，自己也落下一个无情无义的名份。换了品行不好的朋友，倒也罢了，如果是一个优秀的朋友，并且真因为自己这钱没借出去，朋友会恨自己一辈子不说，自己良心也不安。

这事，让人要多尴尬有多尴尬。

朋友中有个叫小鱼的，每提起钱，同样是愤愤不平，说，我从小家庭条件算优越，所以我对钱一向也是大手大脚。一般情况下，朋友们来借钱，只要我手头有，绝不委屈朋友。这些朋友还差不多，大多都能说啥时还就啥时还。朋友的真诚也让我松懈了戒备，以至于当狼真的到来时，我一点感觉都没有。那一次，一个朋友说去做生意，开口就跟我借五万。五万我有，是我攒了好几年的心血，准备结婚时用呢。但朋友说，这趟生意做下来，会赚好几倍，到时给我加利息。朋友间，说到利息就远了不是。

我当然不能要朋友的利息，再加上这位朋友从前也借过钱，并且都是按时奉还的。当时虽然有点心疼，还是借给了他。

但这一借，还真借出事来了。这朋友拿到钱就没影了，我还以为人家做生意去了呢，也没在意。直到两个月后，才听到其他朋友说，他进去了。为啥，聚众赌博呗。我这才知道他拿着钱根本不是去做生意，而是去放赌，但手气不佳，不到两天就全军覆没。身缠万债，他没脸见兄弟们，就逃到外地。生活无着落，就去拦路抢劫，这一下就进去了。

小鱼悔得恨不得把自己给抽死，那可是自己几年的心血呀，这一下全打了水漂。

说到伤心处，小鱼的眼睛里忍不住想往外冒水，一个爷们，为借钱把自己逼到这份上，看着的确让人可怜。

小鱼是可怜，莹莹却是尴尬了。莹莹说，提起借钱自己头皮就会发麻，就是这个"借钱"二字，生生毁了自己和一个姐妹十几年的深厚交情！

莹莹说，自己有个朋友叫欢欢，和自己是从小一起长大的，那情谊深得。真是情同手足。欢欢结婚后，就和老公在乡下住着。莹莹一直在城里工作。

那天，莹莹刚下班，就接到欢欢的电话，说有个朋友来乡下看自己，回去的时候在城里被扒手光顾了，偷光了身上的钱。因为朋友是要到千里之外的地方去，如果再转到乡下欢欢处拿钱，肯定就会赶不上车次。所以欢欢赶快给莹莹打电话，说告诉了朋友莹莹的住址，让莹莹先给朋友一千元钱，回头，她把这钱还给莹莹。

搁下电话，莹莹就取好了钱，等着那位朋友到来。

正巧这时莹莹一个邻居来玩，看到莹莹放在桌上的钱，就赶快教训莹莹说："我说呀，这朋友间借的钱，你还是免了吧。告诉你，我上个月刚刚吃过亏，就一个朋友，说手紧，借我几十元。钱不多，但到现在都不还。我要吧，伤了和气，不要，这钱也让我心疼不是。你这可是一千，虽然也不是大数目，但损失了也可惜……"

一句话让莹莹心里发毛起来，是呀，钱不多，但万一以后因钱麻烦，多让人难堪，自己不是富人，也没必要给别人做慈善呀。

正迟疑间，欢欢的朋友就上门了，匆忙中的莹莹只好撒谎说，钱自己还没取出来呢，自己的银行卡丢了。

人家二话没说就走了，看着赫然放在桌上的钱，莹莹知道自己这谎撒得太假了。

从那以后，欢欢再也没给莹莹打过电话。莹莹觉得心里不安，就把电话打给欢欢，却从来都是通了没人接。

也难怪，人家不就是跟你借一千元钱，你就把人家看成骗子，人家心里能舒服么？朋友间一旦失去了信任，这友情也就走到尽头了。

因为借钱而打翻友谊之舟的事，真如海里的沙粒，多得永远也数不完。而借钱也真成了千古难题，借也是后悔，不借还是后悔。

当借钱这个生活中的小事情，上升到影响感情，撕毁交情的地步时，真让人啼笑皆非，却又想不出理想而折衷的办法。看着他们为难又尴尬的表情，想笑的心情都在霎那间吓没了，因为不定哪一天，这种麻烦和尴尬就会落到自己头上，让自己也左右为难呢。

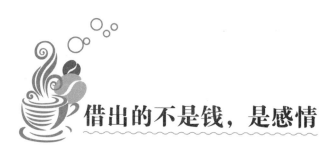

借出的不是钱，是感情

借钱虽然让人感觉难堪又尴尬，但大多的朋友间，有了危急，还是会伸手相助的。虽然有时心里也会胆颤心惊一些，但也会随之安慰自己：管他呢，真不还就当自己做了慈善吧，总不能看着有急不救。

这样的人，心存善良，总觉得朋友跟自己张口，那是把自己当成了自己人。自己人如果再不帮自己人，那真是连畜生也不如了。再说了，三十年河东，三十年河西，今天人家手急来跟自己借钱，自己也说不定会有这一天呢，现在借钱其实就是给自己的将来修路，怎么能不借呢。

但反过来，那些借钱的，其实有良心的也是大多数。他们也明白，人家把钱借给自己，就是给足了面子，那是把自己当成了自家兄弟。这样的情况，再不还钱，那自己就是禽兽不如了。所以，一般情况下，借钱虽然让人尴尬，但在朋友间，这种事依然是你来我往，你借我还。

借钱，不但是考验交情深浅的砝码，也成了友谊的试金石，借与不借，朋友间彼此的人品和德性，就一目了然了。

借钱，有的借出去的是一团和气，更加提升了友谊的厚重；有的，则是借出去了一肚子霉气，借出去的钱不但一去不回头，自己也从人家借钱时的祖宗，成了追着讨债的孙子。

朋友小西，每说起这事，头就摇得拨浪鼓似的，连连说，真体验过了，有时候借钱，不但得不了朋友的好，还会把自己变成一个纯粹的傻瓜，变成孙子。

原来，三年前，小西表姨的儿子小五急冲冲来找小西，说马上要结婚了，装修房子，先从小西这儿告告急。虽然是表姨的儿子，但小五从小和小西在一起玩耍，也算是青梅竹马的朋友。结婚是大事，当然不能延误，小西没多考虑，就把自己所有的积蓄贡献了出来。

借钱的时候，小五信誓旦旦地说，自己和未婚妻都有薪水，这钱没多久就能还小西。

用不到钱，小西当然也不着急。但半年后，小西也开始谈对象，要交际，要给女友买衣服，这手头就紧了。肚饥想起牙缝菜，小西马上向老友告急，没想到小五就像没听到他的话，还钱的事依然是绝口不提。

又拖了一年，小西真急了，自己也马上要结婚了，他也不是百万富翁，这钱得赶快拿回来，自己装修房子用呀。

但小五给他的依然是两个字：没钱！

小西这才明白，人家小五根本就是没打算还那笔钱了。又气又急的他想去和小五讨个说法，但他这才发现，自己当时是太相信小五了，竟然连个借条都没让小五打。现在别说讨说法了，就是上法庭，自己空口无凭，官司就是铁定一个输！

每提起这事，小西就恶心得直骂自己是瞎眼的猪。

这事搁谁都会不痛快，自己一腔热血，助人于危难，咋就没想到朋友并非善类，怎么就能生生吞下了多年的交情，变成一条狼呢。

其实这也没什么可奇怪的，林子大了，什么鸟都有。世界大了，人群中混进几只披着人皮的狼，当然也是再正常不过的事。

不过人活一张脸，树活一张皮。当一个人失去良心，从人返回狼的原形时，他虽然可以一口吞下你们的感情，但他也只能让人上一次当，第二次，人们有了经验，他也就无处可藏了。坑害人一时，却坑害自己一辈子，这生意貌似赚，其实却是赔。

春节的时候，和几个朋友到乡下去玩，朋友邻居的门是紧锁着的。朋友说，这家夫妻太有病了，几乎借遍了村里人的钱，赖着不还，怕人追账，过年也不敢回家，一直在外流浪。不过这房子也不保了，听说法院要拍卖了，还钱。

天理公道，跑得了和尚跑不了庙。当你借钱有去无回的时候，最好能想一想后果，人家只能上当一次，而你伤害的是你自己需要的感情。

当朋友们把钱放在你手上时，借给你的其实并不只是钱，还是对你的信任，是对你们多年交情的信任。你可以闭着眼一口吞下这些信任和交情，但吃到肚子里，却恐怕会胀死了你。

尊重朋友，尊重多年培植的情谊。别把友情毁在这些龇牙笑看人间的孔方兄身上，真太不值得了。钱没了，可以再挣得到，友情丢了，就再也寻不回来了。

有的拒绝是经济上的自卫

因为借钱屡屡刺伤朋友间的情谊，于是，有些人就干脆釜底抽薪，不管朋友亲近还是疏远，提到钱字就两个字：不借。这样做貌似很薄情，让人心里不免嘀咕：干嘛这么绝情呀？有初一就会有十五，今天人家来借你，没准明天你就去借人家呢！

有些人很客观，并且心里也有一定的准则，当别人开口跟他们借钱时，他们也在心里掂量过了，当借则借，不当借，就是落下个恶人名，也不会动摇半分。

这些人，貌似也应该排在寡义薄情之列。但人家心里却是坦荡的，因为他们分得清轻重，心里有杆秤，明白什么钱当借，什么钱不当借。当借时，就是倾家荡产，也会出手相助；不当借时，就再骂我是秦桧、和珅，我仍会坚持我自己，两个字：不借。

什么当借，什么不当借，人家回答得明明白白：借急不借穷。

似乎有些说不通，人家就是因为穷才去借钱的，我要富有，我还需要跟你伸手么？

朋友圈中的李元就是这样一位哥们。那天和几个朋友一起去他家小坐，正看到客厅坐着一个人，垂头丧气的，看到我和几个朋友进来，讪讪地就告辞了。

李元说，是自己一个亲戚，家里过不去，所以来借钱，但自己没借给他。

227

李元的话当时就让一个叫明明的朋友心里不舒服，说，人家就是穷才来借的，你干嘛不借给人家呀？李元淡淡一笑说：你个小丫头，借钱也是讲人情世故的。我这位亲戚，家里是穷，但穷是谁造成的呀？现在的社会，只要肯干，怎么都不会落到衣食不周的地步吧？所以穷，大多情况就是懒，坐着不肯动，当然就没得钱花。今天借这个，明天借那个，你借给他容易，但借的同时你也得想清楚，让他拿什么还你？这有借无还的买卖，白痴也不会去做的，对吧？所以，为了省事，不借是最好的办法。

对亲戚都尚且如此小气，朋友们心里暗暗叹息，从那天起，都把李元看成一个又小气又没情谊的"小人"。

事过没多久，一个朋友出了事，母亲上街购物的时候，突然急发脑溢血，被送进了医院。当时，朋友正和妻子出国考察，家里就一个女儿陪着奶奶。朋友们急得纷纷出钱出力，但这急病，再多的钱扔医院，就如石沉大海，一点消息都没有。眼看着大家凑来的钱马上又要花光，大家心里那个急，真恨不得立马把朋友从国外拽回来。

就在这时，李元拎着钞票奔进了医院。

朋友们瞠目结舌，都不相信这些钱是李元的义举。纷纷议论之时，才知道李元并不只是这一次义举，还有好几次，都是当人在危难时，他不声不响地出钱帮助。

真是一个怪人，连亲戚都不肯借的人，竟然会大把大把不要回报地援助朋友。

李元淡淡地说，这有什么好奇的，人在世上，谁能没个急？救人危难是君子所为。救急不救穷，一直是我的借钱准则。救急如救命，人命关天，当然得救。但穷却不能救，人都有惰性，穷不思变，只凭着借钱度日。借钱给他其实是在害他，是在助长他的惰性，这样的借钱不是帮他而是害他，所以不能借！

明白了吧，人家这才是君子所为，人家这是大气，而不是小气。换句话说，人家这是胸有大爱，不计小节。

看历史故事，网络新闻，大家就能发现一个问题，有大爱者往往疏于小爱。有许多人，自己平时不舍得下餐厅吃饭，不舍得进商场购高档服装，所攒的钱却无条件地资助那些穷学生，或者做慈善。这类义举，貌似对自己无情无义，其实却是胸如大海，博藏厚爱。

这道理跟借钱一样。把钱用在最值得用的地方，才是给钱找了最好的去处。

不把钱借给无能力偿还的人，其实也是一种被迫的经济自卫。你连自身都养不活，当然就没有还钱的能力。谁的钱也不是天上掉下的馅饼，把血汗白白扔到坑里，人家当然会不爽。

为了保护自己的血汗，不借钱是很明智的做法。

谁点菜就谁买单，所以，当从朋友手上借不出钱时，先别忙着埋怨。最好静心先从自身检查一下原因，做一个不让朋友害怕的人。

借钱的十项基本原则

　　朋友间的借钱之事虽然让人感觉麻烦，但要掌握了一些原则，知道什么情况当借，什么情况不该借，事情就好办多了。说不定还会让你觉得处理起来挺轻松，这根本就是小事一桩，没必要如临大敌似的紧张嘛。掌握这些原则也很简单，就是要懂得借钱的十项基本原则。

1. 保证自己的生活不受影响

　　借钱可以，但首先得确定这钱借出去，不能影响自己的正常生活。假如你自己只有一毛钱，你却翻箱倒柜地硬要借给人家五毛钱，这不是大方，这是打肿脸充胖子。面子上是好看了，接下来的日子，你的肠胃恐怕就该受苦了。为了弥补这四毛钱的虚空，你得勒紧裤带多少天才能让自己解脱。又或者因为透支了这四毛钱，你不得不四处借债，或者喝白开水度日，这是不是让人啼笑皆非呢。要记得，一个连自己生活都打理不好的人，是没资格去帮助别人的。

2. 人品差的人不借

　　一个人没有好的品行，首先就是给你的钱打下有借无还的伏笔了。等到人家借了钱一去不回头时你再不停地后悔，那还不如早让自己擦亮眼睛，不做傻事。

3. 借鸡下蛋的人不能借

　　这类人，自己并不是没钱，但就一个爱沾光的主儿，总想着利用别人的钱来做自己的事。这样的人心理有些自私，大概就是觉得，别人的钱做赔可以不考虑，反正我的在银行里存着呢。这样的人，心理自私，为了自己可以不考虑别人的利益，所以，把钱借给这种人，没有风险的话，大家皆大欢喜。一旦有个风吹草动，借钱给他的人，很有可能落到借了钱却又当孙子的下场。

4. 没有诚信的人不能借

来跟你借钱的人，总归是你的熟悉的人吧。既然熟悉，他的品性肯定也会略知一二的。在朋友圈中没有诚信的人，当然是不能借的。因为把钱借给这些人，大多数情况下会是有去无回。当然，如果你的钱多得花不完，那就权当是做慈善事业。

5. 不打借条的不借

人家好言好语，光说钱，不说借条的事，最好还是让自己三思而后行。从古到今，讲的都是一个证据，最让人怕的就是空口无凭这一说。没有借条，一旦出了事情，法律也不会相信你，没准你还会在朋友圈中落个诬陷栽赃的罪名呢。所以，不见兔子不撒鹰，是保护自己的最好底线。

6. 甜言蜜语不可借

这类人，为了达到借钱的目的，甜言蜜语说的，叫你一声老爹都貌似心甘情愿。这类人，大都是为了目的不择手段之人，为了不让自己的血汗打水漂，最好还是留个心眼，少给自己惹麻烦为好。

7. 嘴上放鱼饵的人不能借

这类人，开口跟你借钱的时候，会同时放下许多诱人的饵。他们大多是开皮包公司的，唯一的目的就是先把钱哄到手再说，所以，面对美丽的海市蜃楼，还是控制一下自己的利欲心吧。

8. 信誓旦旦的人不能借

这类人，用得着人时好说，用不着人一脚踢。想你的钱时，什么话都能说，甚至发誓赌咒。要记得，君子从不轻许诺言。一个没有君子之德的人，你想你借出去的钱能有什么好结果。

9. 不了解的人不借

有些人，挂着你朋友的名，其实你们也不过见过两三次。这样的人虽然有些并非大恶之徒，但不了解底细，还是让自己省省力气吧，免得真出了意外，大家都不好看。

10. 自己没有胆量讨时不借

有时候，朋友来借钱，会给一个预定的还钱时间。如果自己是个小庙神，不会开口去讨账，最好还是不要借。当你连账都不会讨要时，再加人家了解你的秉性，如果遇到一个心眼不好的人，这又是一场让人吐血的经历。

总之，借钱的花样是层出不穷，让你防不胜防。但面对借钱，你也得有自己的一套行之有效的办法。或按兵不动，或灵活如蛇，全看你对朋友的了解和对钱的理解。钱多得没地方花时，谁都可能借，人家不还就当自己做好事了。但若得自己也是数着米下锅的人，这钱借与不借就得费些心思了。作为好朋友，在有了困难时，当然得伸出帮助之手，这钱就一定要借。再说了，今天自己借出去，明天没准自己会去跟人家伸手呢。朋友间就是如此你来我往的，借钱，有时候也是感情的交换。

钱可以借，但要让自己掌握一些基本原则，这样至少保护一下自己，不被借钱伤，不被"朋友"伤。借了钱还惹得大家都不好看的事多了去了，谁也不想沦落到这地步。所以，在借钱之前，三思而后行，确定不出乱子，不会给自己添麻烦。那就当机立断，借。

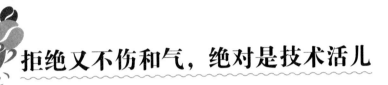

拒绝又不伤和气，绝对是技术活儿

一部脍炙人口的《红楼梦》，可谓经典，而书中的大堆美女，也让人时常感觉赏心悦目。尤其是那个辣椒美人王熙凤，在美感了人们的眼睛同时，也让人佩服得五体投地。你看人家，不但模样精巧玲珑，那说话的艺术，也真是八面玲珑。听王大美人说话，那真如二月春风，六月清凉。不但让你心悦诚服，心里舒坦得不辨东西，还会在被人家卖了的同时，美滋滋帮人家数钞票呢。

虽然王大美人品行不太佳，但这说话的艺术却是绝顶功夫。而为人处世，说话艺术其实是一门必学的技艺。有了这门技艺，可以让你如鱼得水，如龙腾天。

生活中，到处需要谈话技巧和艺术，在和朋友聊天时，你能运用你的说话技巧，轻松自如地把掌握全局，把大家带进一个轻松而温馨的气氛中去，那就是你社交的成功，是你被朋友推崇的首要原因。

说话的技巧虽然不容易学，但只要你留心，就能掌握。而比说话技巧更不容易掌握的，其实是拒绝技巧。

拒绝，是一门学问，也绝对是一门难掌握的技巧活。

有些人根本就是门外汉，根本就不明白拒绝在人际关系中是多么重要的一门技术。当人家向他求助时，他是真没有能力帮助人家，却不会婉转，而是干巴巴地两个字：没有。这样的人，也许是真的没有，但就是因为没有技巧，而让人难以信服。说不定反而会让人家一转过脸去，就恶语相加：牛什么呀！瞧你那德性吧，除非你永远用不着别人，除非你一辈子不栽坑！瞧这事搞的，冤枉不？

而懂得技巧的人，可能回答的就是另外一种样子。至少人家会面带微笑，解释自己现在处境吧，然后拿心比心，告诉人家，是真无能为力。天下一般没有糊涂到不分眉眼的人，了解你的情况，人家大抵会谅解你的处境，没得到你的帮助，心里反而会感激你，这是拒绝的上乘功夫。

还拿王大美人来说事吧。看人家拒绝贾瑞这个好色之徒，那真是滴水不漏，脸上带着笑，下面就把贾瑞给咔嚓了。毒是毒了点，但这种拒绝的技巧却是值得借鉴的。

反过来说，人生活在凡尘，每天亲戚间、朋友间、家人间，可以说是数不清的事。但不是每样事咱们都能办到的，办不到的就只能拒绝了。时时得准备着拒绝，这拒绝的技巧当然就是生活中一门重要学科了。

人家来求助，一般是看得起咱。就是没能力，也要委婉地拒绝，不是深仇大恨的仇敌，也不是几辈子化解不开的隔世宿冤，有必要语言铿锵，把人都给得罪么？当然没必要。何况以后还是朋友，还要共事，还要继续交往。

所以，拒绝也得讲方式。

第一，得真诚相告，不管是朋友，还是亲戚，大多是通情达理的。当你直言相陈的时候，人家大多会谅解，这样的拒绝不会给自己以后的路留下荆棘。

第二，得委婉，就是咱们不欠人家，反过来说人家也不欠咱什么，所以委婉地说明，比硬邦邦的拒绝效果要好得多。假若是君子，人家大气大量，能理解人人都有难处。若换了小人，很可能就以他之心来衡量你的肚，没准他会认为你是故意让他难堪的。这仇就结下了，不定哪天他会暗中给你使个绊子，让你栽个跟斗，你却还不知道谁是对手呢。防小人不防君子，就是这个理。而反过来，就是小人，也大多是喜欢被巴结被逢迎之人，你话说得委婉了，好听了，就是他没达到目的，他也感觉到被你尊重了。何乐不为呢？

第三，得懂得见风使舵，想要拒绝某个人而不给自己惹下麻烦，有时候就得借外力。你可以说，刚好跟某个人打过交道，自己手边的钱全被他借走了。这个人刚好是来借钱的上司，或者他畏惧的什么人，即使他明白你不想帮他，但畏惧你身后的影子，也不至于因为愤恨对你暗下杀手。

总之，拒绝的门道多了，说话也各讲方式。直言相陈也罢，口吐莲花也行，总之，你得看清你面前站的是什么性子的人，对什么人就用什么腔。但大的原则就是留有余地，别把人家一下拍死。既拒绝了，还给人留足了面子，这是拒绝中的高招。

交友是门一辈子都要钻研的学问

人的一生，最渴望的就是活得有滋有味，快快乐乐，活出自己的与众不同和精彩。而这些，不仅需要你的聪明才智去细心经营，更需要你的朋友们能够锦上添花。

朋友是你高兴时畅饮的美酒，朋友是你痛苦时手里的纸巾，朋友是你失败时的加油站，朋友更是你人生之路上必不可缺的同行者。有了朋友的锦上添花，你的人生才会绚丽多姿、丰富多彩。正是朋友，让你陶醉在清风明月，把酒当歌的人生美景；体味山重水复疑无路，柳暗花明又一村的惊喜。

没有人能想象得出，一个人如果没有朋友，那他的生活将会是怎样一番了无生气，怎样的死寂与黯淡。

"我真的非常非常郁闷，放眼四望，竟然没有一个我可以交心的人。失落的时候，没有人真心陪我难过；高兴的时候，没有人真正和我分享。我的心情真的糟糕到了极点，我甚至想到了自杀……"朋友是一家电台的热线主持人，有时很晚了，他仍接到这样的电话。

生活中这样的人并非少数。他们虽然身处繁华的都市，但他们的内心，却是一片孤寂的荒漠。每当忙了一天后终于下班，他们就宅在房间里。除了上网看看八卦和新闻，和电脑那端的陌生人闲侃聊天，他们不知该干什么。而一旦走出房间，外面的精彩，却让他们束手无策。他们甚至不知该怎样面对自己闲暇的生活，面对眼前这个五彩斑斓的真实世界。

看到别人除了工作，可以轻松地和朋友去游玩，去K歌，人家拥有比自己多得多的幸福和快乐。他们这才明白，人生的目的不是光为了工作，不是有了一日三餐就可以活得下去。而朋友，是生活中重要的，必不可缺的一部分。

这样的"悲剧"，谁都不想握在手里。但同时，越来越多的人也都明白朋友的重要性。他们明白，有了朋友点缀，自己的生活才会富丽多姿，有了朋友的帮助，自己才能更容易成功。于是，他们来者不拒，广泛结交朋友，打造人脉。殊不知，却是从一个极端，走向了另一个极端。从一个误区，沦陷进另一个误区。

他们认为"朋友"越多越好，多多益善，于是萝卜白菜全往自己的篮子里捡。为了这些所谓的"朋友"，把大量的金钱和精力，无休止地投到自己的交际圈中。结果，似乎是一派大丰收的美景，但华丽的背后却是鱼龙混杂，至少身边是围着了数不清的"毒朋友"。

人生不是永远的一帆风顺，当然更不会一直的风平浪静。狂风巨浪，总会在人们出其不意的时候突然袭击，把人们眼前的美景也扫得一无所踪。他们这才发现，自己的交际圈不过是一个美丽的海市蜃楼，而这些所谓的"朋友"，不过是一堆华丽的泡沫。再美的海市蜃楼，面对狂风骇浪，都不堪一击，瞬间即逝。

自己苦心经营的，竟然只是这样一堆无用的亮晶晶的泡沫。这样的"悲剧"，当然谁也不想让它发生在自己身上。权当了交了学费吧，好在，人生还长，一切都还可以重新再来。虽然不甘心，却不得不承认，原来，交友也是一门学问，而交际圈就是一个大课堂。你没有任何思想准备，贸然闯进去，不摔个鼻青脸肿，那还算自己幸运。

人们这才明白，交友交友，交的是真心，交的是真情。静下心来，重新审视自己的友情。这才发现，朋友跟朋友真的是不一样。有些纯粹是你生活中无用的泡沫，只不过给你的生活添些忙乱。而有些，却真是你人生路上最美丽的风景。

就如在迷茫中寻到一条曲径通幽的小路，虽然窄细，却异常秀美。这些真正的情谊，这些也许为数不多的人，才是你人生路上的同行者，才是你真正可以放心携手共行的人。

这些人可以贫贱，也可以没有高高在上的职位，但他们有一颗真诚等待朋友的心。在你困难时，他们不会幸灾乐祸，不会隔岸观火。他们会伸出双手，哪怕只是一点微薄的力气，也要拉你一把。这就是难能可贵的朋友之情，有着这些美丽情怀，才是你一生中真正的朋友。

不必热泪横流，不必说自己溜达了这么大一圈，才找到真正的朋友和友谊。因为这样的友情，你发现得再晚，都不是悲剧。此时，你甚至还可以暗自庆幸。因为，走到这一步，真是何其艰难。

不用感叹，人生就是不断地学习与修炼。你必须一边赶路，一边学习。而交际圈，永远是一个看似简单，实则高深的大学堂。人们永远不会拒绝真正的朋友，当然也不会拒绝这样的课堂。而交友是这所大学堂中，一辈子都学不完的技术活儿。

当然，任何学堂都是要交学费的。只是这样的学堂，学费会更为昂贵。因为它用的不是金钱，而是你的真心和付出。因此，你必须练就一身轻功绝技，睁大一双慧眼，外加一颗真心。这样，在交际这所大学堂里，你就能真正地如鱼得水，永远立于不败之地。